AF142212

Warum Theater

Fröhliche Wissenschaft 160

Jakob Hayner

Warum Theater

Krise und Erneuerung

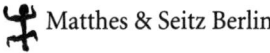 Matthes & Seitz Berlin

»Denn in der Kunst haben wir es mit keinem bloß angenehmen oder nützlichen Spielwerk, sondern mit der Befreiung des Geistes vom Gehalt und den Formen der Endlichkeit, mit der Präsenz und Versöhnung des Absoluten im Sinnlichen und Erscheinenden, mit einer Entfaltung der Wahrheit zu tun, die sich nicht als Naturgeschichte erschöpft, sondern in der Weltgeschichte offenbart, von der sie selbst die schönste Seite und den besten Lohn für die harte Arbeit im Wirklichen und die sauren Mühen der Erkenntnis ausmacht. [...] Möge meine Darstellung Ihnen in Rücksicht auf diesen Hauptpunkt Genüge geleistet haben, und wenn sich das Band, das unter uns überhaupt und zu diesem gemeinsamen Zwecke geknüpft war, jetzt aufgelöst hat, so möge dafür, dies ist mein letzter Wunsch, ein höheres, unzerstörliches Band der Idee des Schönen und Wahren geknüpft sein und uns von nun an für immer fest vereinigt halten.«

G. W. F. Hegel, letzter Absatz in den
Vorlesungen über die Ästhetik

Einleitung. Warum Theater?

Im Theater wird die Welt gespielt. Die Verhältnisse werden zum Schein auf die Bühne gebracht und bei dieser Gelegenheit vom Kopf auf die Füße gestellt. Vom König bis zum Totengräber, von Generälen und Geschäftsleuten bis zu Arbeitern und Bauern, von der Prinzessin bis zur Hexe, alle tummeln sie sich auf dem gemeinsamen Boden des Theaters. Hier sind sie in einer Handlung verbunden, müssen sich in einer Sprache verständigen, auf die Gefahr des Scheiterns und Misslingens hin, mitunter mit tragischen oder komischen Effekten. Hier sind die sozialen Trennungen nicht so strikt, wie einst im Saal noch zwischen Loge und Parkett – oder heute, wenn die einen sich nach der Vorstellung auf dem Rücksitz eines Autos ins umzäunte Wohneigentum begeben, während sich die anderen mit den öffentlichen Verkehrsmitteln auf den Weg in ihr überteuertes Zimmer in einer Wohngemeinschaft machen, ganz zu schweigen von all jenen, denen Geld, die herrschenden Umgangsformen oder einfach nur gewichtige Gründe fehlen, sich überhaupt ins Theater zu wagen. Das Publikum weiß, dass der König auf der Bühne nur ein Schauspieler mit einer Krone ist. Alle sozialen Hierarchien sind nur Kostümierungen, die aber trotzdem eine Realität schaffen, in der der Schauspieler mit Krone als König angesprochen wird. Vermeintlich immerwährende soziale Tatsachen wie die Existenz von Herrschaft und der Zwang der Identitäten werden im Theater des Schleiers des Natürlichen und Selbstverständlichen beraubt. Und nähert man sich dem, was ein König in Wahrheit ist, nicht besser, wenn man ihn als einen Schauspieler begreift, der nur aufgrund der Krone als Zeichen vergegenständlichter Macht von allen anderen als König angesprochen wird? Die unernsten Spiele des Theaters entzaubern die ernsten der Wirklichkeit.

Weil auf der Bühne alles gezeigt werden kann, wird auch alles für alle zur Diskussion gestellt. Indem im Theater eine problematische Welt problematisiert wird, stellt es einen utopischen Ort radikaler Demokratie dar. Konflikte werden ausgetragen und Dissens wird artikuliert. Das Publikum beobachtet, urteilt, begreift – und nimmt eine Haltung ein. Die Bühne stellt die Zersplitterung des Sozialen als aufeinander bezogen dar, in ihm zeigt sich die Totalität des Gesellschaftlichen. Insofern ist das Theater zugleich universal. Nicht dass es immer alles abbilden oder alle repräsentieren müsste. Das führte geradewegs in das Dilemma, in dem der Theaterregisseur Caden Cotard in dem Film *Synecdoche, New York* gefangen ist. Sein Versuch, die gesamte Welt abzubilden, endet in einem unendlichen Regress, im Wahnsinn und vor allem im Gegenteil seiner Absicht. Am Ende ist Cotard völlig verloren in seiner künstlichen Welt, die ihm eigentlich zur Bewältigung der Wirklichkeit dienen sollte. Das Universale des Theaters besteht nicht in der Vollständigkeit der Abbildung von Welt. Das wäre nicht möglich, es ist vor allem nicht nötig. Denn indem das Theater jede Tatsache und jeden Ausschnitt der Wirklichkeit unter eigens gesetzten Maßstäben spielt, demonstriert es den inhärenten Mangel ebendieser Wirklichkeit. Der Bezug auf das Ganze ist negativ, wie das Ganze selbst unabgeschlossen ist. Wir sehen die Unzulänglichkeit einer jeden Identität oder Position. Und warum? Weil kein Ding identisch mit sich selbst ist. Weil auch kein Mensch vollends mit seiner sozialen Rolle in eins fällt, was im Alltag zumeist schlecht, in der Kunst aber umso besser zu erkennen ist. Das soll nicht als Verherrlichung des Allzumenschlichen verstanden werden, sondern als Kritik des Bestehenden und utopischer Vorgriff in einem. Denn das Theater kann uns zeigen, dass Herr und Knecht eben nicht auch nur Menschen sind, sondern dass sie es beide noch nicht sind. In dieser Spannung erscheint negativ das Bild einer wahrhaft menschlichen Gesellschaft. Selbst in Samuel Becketts *Endspiel*, das die Dialektik von Herr und Knecht bis an die Grenze führt, an der sich beide gegenseitig ins Nichts entlassen, schwingt dies noch mit. Das Universale lässt sich mit dem Verlauf der bisherigen Menschheitsgeschichte nicht positiv bestimmen, und das bleibt so lange so, wie sie von den widerstreitenden Interessen zerrissen ist, die aus der Verfasstheit der Welt und ihrer Produktionsweise herrühren.

Das Zeigen und Zurdiskussionstellen gemeinsamen Handelns von beschränkten Partikularitäten verbindet das Theater mit der Politik. Seit der antiken Polis zeichnen sich beide durch die Arena der öffentlichen Auseinandersetzung, den Kampf um die Macht, den Austausch von Argumenten und das Ringen um Überzeugungen aus. Doch weil im Theater das Leben und die Politik eben nur gespielt werden, weil es nicht wirklich um die Macht geht (zumindest auf der Bühne; hinter der Bühne verhält sich das schon wieder anders), wird Reflexion und somit Kritik politischer Praxis ermöglicht. Theater stellt den Rahmen von Politik selbst zur Verhandlung. Die notwendige Blindheit der jeweiligen Beteiligten im antagonistischen Kampf, gerade in Bezug auf die meist katastrophalen Konsequenzen, wird zum Thema der Kunst. Theater ist Politik ähnlich, ist aber zugleich Kritik der Fatalität von Politik. Es zeigt sowohl die Ursachen als auch Wirkungen gemeinsamer, also gesellschaftlicher Handlungen in der sozialen Welt. Zugleich werden diese Kausalitäten kritisiert, indem man sie aus dem Reich bewusstloser Praxis auf die Bühne bringt. Die Welt in ihrer Zwangslage zu zeigen – wie in Heiner Müllers *Philoktet* oder Peter Hacks' *Der Geldgott* –, führt die Logik der Politik mit dramatischen Mitteln an jene Grenze, an der ein Eingreifen des Chores erforderlich wäre, um mit dieser Logik zu brechen. Auf nicht wenige der dunkelsten und düstersten Stücke dürfte zutreffen, was Müller über seine Tragödienfarce *Philoktet* sagte, dass sie »das Negativ eines kommunistischen Stücks« sind. Zu verdeutlichen, was alles nicht mehr geht, deutet darauf hin, was für eine tatsächliche Veränderung nötig wäre. So schürt das Theater selbst noch in der Darstellung des Negativen die Ahnung, dass nichts so sein müsste, wie es ist, dass es ganz anders sein könnte. Mittels antizipatorischer Fantasie wird das Seiende mit dem Denkbaren konfrontiert. Auf der Bühne können wir Menschen sehen, die der Weltgeschichte schon zwei Schritte voraus sind. Und die möglicherweise gerade daran zugrunde gehen. Doch der Schritt auf der Bühne könnte schon der erste zu einer anderen Wirklichkeit sein, eine Poesie der Überschreitung. Im Theater kann eine solche Verschiebung geschehen, wie der Dramatiker Wolfram Lotz es formuliert, dann »tut sich da plötzlich ein Möglichkeitsraum auf, weil das Bisherige, Bekannte, Weltumzäunende soeben kurz an einer Stelle überschritten wurde, da zeigt sich die Möglichkeit als etwas Grundsätzliches, leuchtet erst die Zukunft«.[1]

Nichts ist selbstverständlich, das gilt für die Spiele auf der Bühne, aber auch für das Theater selbst. Aller Kunst in der Moderne ist gemein, dass sie sich bezüglich ihrer Mittel und Wirkungen, aber vor allem auch bezüglich ihrer gesellschaftlichen Funktion schonungslos selbst befragen muss. Zur Seite stehen ihr dabei Kritik, Theorie und Philosophie. »Zur Selbstverständlichkeit wurde, daß nichts, was die Kunst betrifft, mehr selbstverständlich ist, weder in ihrem Verhältnis zum Ganzen, nicht einmal ihr Existenzrecht«,[2] beginnt Theodor W.

Adornos unvollendete *Ästhetische Theorie* aus dem Jahre 1969. Neben der 1963 erschienenen *Die Eigenart des Ästhetischen* von Georg Lukács ist sie einer der letzten großen Versuche der Moderne, Kunst in der Tradition von Hegel zu durchdringen und ihr Eigenes zu ergründen. Als weder bloß angenehm noch nützlich, sondern eine Form sinnlichen Denkens ist die Kunst mehr als nur ein Mitteilungszentrum mit hübsch verpacktem Ausstoß oder Trainingslager für Sehgewohnheiten, als welches sie in der Medien- und Kommunikationstheorie apostrophiert wird. Ohne eine für jede Zeit feststehende Definition der Kunst geben zu können, gibt es aber doch einen Begriff von ihr, der sich aus ihrer inneren Bewegung speist. In dieser Bewegung reagiert Kunst auf Gesellschaftliches und artikuliert aus den eigenen Maßstäben heraus eine Wahrheit über es. Auf den Zusammenhang kommt es an, und nach diesem fragt das ästhetische Denken. Insofern führt die inflationär gebrauchte Rede von den Ästhetiken im Plural, die nichts als eine Vielfalt an Stilen bezeichnet, in die Irre. Sie abstrahiert von den Zusammenhängen und verabsolutiert das Einzelne. Mehr aber als die schier unendliche Fülle an einzelnen Werken oder Stilen interessiert die Stellung der Kunst als solcher zur Objektivität. Mit diesem Anspruch soll auch das Gegenwartstheater konfrontiert werden. Die uneingestandenen Automatismen, die unhinterfragten Lehrsätze und die eingeschliffenen Routinen gilt es zu befragen – entgegen der vorherrschenden Gedankenlosigkeit. Diese verbirgt sich nicht nur in den vermeintlich überholten oder rückständigen Formen, sondern auch in jenen, die sich mit dem Etikett der Fortschrittlichkeit schmücken. Die neuesten Moden sind in dieser Hinsicht nicht besser als die älteren. Auch die notwendigen Neuerungen, die mit den alten Selbstverständlichkeiten aufräumten, können in die Irre führen, sobald ihre Gegensätzlichkeit erledigt ist und ihre oppositionelle Kraft versiegt. Man kann sich in der Hinsicht an den vor allem in den Zwanzigerjahren berühmten Theaterkritiker Herbert Jhering halten. Der würdigte seinerzeit die Verdienste des Naturalismus und Expressionismus vor allem dadurch, dass er diese Tendenzen scharf kritisierte, nachdem sie den falschen Pomp und die verlogene Opulenz des spätwilhelminischen Theaters abgeräumt und damit ihre historische Notwendigkeit getan hatten. Damit sah er die Bedingungen für eine wahrhafte Erneuerung des Theaters geschaffen, wobei ein erneutes Verharren im diesmal naturalistischen und expressionistischen Credo ebenso zur Versteinerung führen müsse: »Jedes revolutionäre Weltgefühl wird bequem, wenn es in die Jahre kommt«.[3] Statt uns also mit ein paar beruhigenden, aber schon abgegriffenen Parolen des vermeintlichen Fortschritts im Theater, sei's durch die Abkehr von der dramatischen Literatur oder die Hinwendung zu Bildschirmen, Robotern und Rechenmaschinen, zu begnügen, müssen wir ins Zentrum des Problems des Theaters vordringen.

Warum Theater? In allen Debatten um die Zukunft des Theaters ist diese Frage eigentümlich abwesend.[4] Doch nur an ihr und ihrer möglichen Beantwortung lässt sich ermessen, wie es um das Theater bestellt ist. Denn wenn wir mit aller gebotenen Emphase eingangs beschrieben haben, was das Theater könnte, so folgt darauf die ernüchterte Feststellung, dass es gegenwärtig weit davon entfernt ist, von diesem Vermögen Gebrauch zu machen. Doch das soll kein Anlass sein, in Zynismus zu verfallen oder sich aus Enttäuschung über das geliebte Objekt von ihm abzuwenden. Es besteht Klärungsbedarf. Und auch unser Unbehagen am Gegenwartstheater will aufgeklärt werden. Es scheint zunächst fast, als seien wir in eine neue Phase dessen eingetreten, was Peter Brook 1968 in *Der leere Raum* das »tödliche Theater« nannte. Brook beschränkte seine Analyse nicht auf einen Typus oder einen Stil des Theaters, er machte keinen Unterschied zwischen misslungenen Klassikerinszenierungen und dilettantischen Happenings. »Wenn wir tödlich sagen, meinen wir niemals tot: wir meinen etwas betrüblich Aktives, das aber gerade zur Änderung fähig ist. Der erste Schritt zu dieser Änderung ist die Erkenntnis der unschönen Tatsache, daß der größte Teil des sogenannten Theaters auf der ganzen Welt die Travestie eines Wortes ist, das einmal sinnvoll war. Krieg oder Frieden, der kolossale Schauwagen der Kultur rollt weiter und trägt die Spuren eines jeden Künstlers auf den stets wachsenden Müllhaufen. Theater, Schauspieler, Kritiker und Publikum sind in einer Maschine verkeilt, die knarrt, aber niemals anhält«, schreibt Brook und fährt fort: »Es ist immer eine neue Saison zugange, und wir sind zu beschäftigt, um die einzige entscheidende Frage zu stellen, die der ganzen Struktur das Maß anlegt: Warum überhaupt Theater? Wozu? Ist es ein Anachronismus, ein veraltetes Unikum, das am Leben bleibt wie ein altes Monument oder eine bizarre Sitte? Warum klatschen wir Beifall, und wofür? Hat die Bühne einen wahren Platz in unserem Leben? Welche Funktion kann sie haben? Wozu kann sie dienen? Was kann sie erforschen? Was sind ihre spezifischen Eigenschaften?«[5] Diese Fragen sind von ungebrochener

Bedeutung. Das Tödliche ist Fortführung bei Verlust von Sinn und Zweck. Die Funktion einer Sache ändert sich, zugleich erscheint sie aber wie unverändert. Das gilt insbesondere, wenn die sozialen Rituale suggerieren, dass alles wie immer sei. So kann die Wertschätzung der Kunst durchaus verschiedenste Gründe haben – wie in Vladimir Sorokins Roman *Manaraga*, in dem Bücher nicht mehr der Lektüre, sondern als preissteigerndes Brennmaterial zur Zubereitung entsprechend besonders dekadenter Speisen dienen. Nur scheint es sich tragischerweise so zu verhalten, dass man sich an das Tödliche bei aller Kritik umso mehr klammert, je abgestorbener es ist, weil es statt der Leere, die jeder Hinterfragung vorausgeht, immerhin Halt verspricht, egal wie prekär dieser auch sein mag.

Der Eindruck, dass etwas betrieben wird, dessen Sinn schon lange vergessen ist und das nur aus schlechter Gewohnheit noch Teil unserer Welt bleibt, drängt sich mit einem Blick auf das Gegenwartstheater durchaus auf. Würde man die Theater schließen, wie Heiner Müller einmal forderte, könnte das immerhin Ausdruck ernsthafter Reflexion sein – der Nullpunkt, von dem Neubesinnung und -bestimmung ausgehen könnten. Doch wenn auch der kulturelle Wert der Veranstaltung kaum noch zu erkennen ist, so gibt es doch viele verschiedene Versuche, doch noch einen Nutzen ihrer auszumachen. Dass ein Ding für irgendetwas nützlich ist, heißt aber noch lange nicht, dass es damit den eigenen Maßstäben gerecht wird. Nach dem Vorbild der Verkäuflichkeit hat sich im Kapitalismus für alle Bereiche in Zweifel gestellten Gebrauchswertes das Kriterium der Quantifizierbarkeit als standardisierte Ersatzantwort etabliert. Selbst wenn sie um ihrer selbst willen erfolgt, erlangte Quantifizierbarkeit als Index von Nützlichkeit universelle Gültigkeit. Und so muss auch für das Gegenwartstheater in diesem Sinne eine Verwendung gefunden werden. Applied Theatre, also angewandtes Theater, lautet das aus der pädagogischen und therapeutischen Praxis kommende Zauberwort, das nun den gesamten Betrieb erfasst hat. Doch für die Kunst ist solche Nützlichkeit tödlich. Es ist wie bei einem Liebespaar, das sich gegenseitig beschenkt. Ein nützliches Geschenk führt dabei zu berechtigtem Ärger, weil nur ein unnützes Geschenk in der Lage ist, Träger einer symbolischen Bedeutung wie der Liebe zu werden. So auch in der Kunst. Das Unbehagen am nützlichen Theater entspringt der Einsicht in den Verlust des symbolischen Überschusses, der damit einhergeht. Dieser Überschuss hat sein Reich in der Formenwelt der Kunst, die sich mit ihren eigenen Gesetzen dem Nützlichen entzieht. Ihr Antrieb ist die Fantasie, ihr Zweck die Lust und ihr notwendiger Umweg die Form, in der sich die Impulse objektivieren. Ohne die symbolische Verausgabung ist das Theater nur eine leere Hülle. Doch statt nach dem Zweck und den Möglichkeiten des Theaters zu fragen, dominiert unterm Diktat der Nützlichkeit die Frage nach Reichweite oder tagesaktueller Relevanz. In dieser Hinsicht wird dann auch Bedarf an Neuerungen festgestellt. Mehr Nähe zum Publikum zum Beispiel, das von besonders eifrigen und engagierten Theatermachern bis in die Privatwohnung hinein verfolgt wird. Theater soll in die Stadt gehen, auch an die Ränder, in die Schulen, Kirchen und Altenheime. Lokale Begebenheiten oder überregionale Jubiläen werden zu touristischen Werbemaßnahmen verarbeitet, belohnt mit zusätzlichen Fördergeldern. Karitative Aufgaben werden übernommen, wie Suppenküche, Integrationsfrühstück, Sprachkurs, unter wohlwollendem Blick der Fürsprecher des Sozialstaatsabbaus. Verschiedene Segmente des Publikums werden zielgruppengerecht bedient. Alles wird in Projekte umgewandelt, als Prozess gelabelt, ins Kollektiv geholt. Wenn es nicht um ein distanzloses Erleben geht, versehen mit dem Modewort der

Immersion, kippt es ins Gegenteil, ins distanzierte Erklären und Nacherzählen der Schlagzeilen der Tagespresse oder in kalkulierte Empörung. Berechnete Publikumsbeteiligungen simulieren Interaktion, der allgegenwärtigen Pseudoteilhabe im Spätkapitalismus entsprechend. Galt das allzu offensichtliche Anbringen eindeutiger Botschaften in der Kunst einstmals als anrüchig, wird es heute geradezu gefordert. Kaum eine Inszenierung, die sich nicht damit schmücken würde, Kommentar zu dieser oder jener Debatte zu sein. Doch wird nur noch selten gefragt, welches eigentlich die Grundlagen dieser Debatten sind, die sich zumeist im fruchtlosen Gegenüberstellen beschränkter Anschauungen erschöpfen. Kritik und die Erfahrung von Ambivalenzen werden durch Bekenntnisse und simple Positionierungen ersetzt. Zwar geht das kritische Vokabular der Vergangenheit scheinbar bruchlos in die neuesten Erzeugnisse des Theaters ein, doch gegenüber den entscheidenden sozialen Vorgängen unserer Zeit bleibt es meist merkwürdig distanziert und wenig kritisch – eine Art Etikettenschwindel der sich als Interventionen verstehenden Aufführungen. Nicht selten wird diese Entwicklung als Weiterführung des politischen Theaters und des eingreifenden Denkens in der Tradition von Bertolt Brecht betrachtet. Doch Brecht selbst warnte davor, technische Neuerungen in der Kunst ohne Verknüpfung mit ihrer sozialen Funktion zu verwenden. Angesichts der aktivierenden Chöre, die zum Kauf von Coca-Cola animieren, rufe man verzweifelt nach L'art pour l'art, notierte Brecht im kalifornischen Exil.[6] Es ist ein Fehler, politisches Theater so zu verstehen, als müsse man nur die »Kunstkacke« (Matthias Lilienthal) abziehen und hätte dann Politik. Das führt unter gegebenen Bedingungen zu einer Anpassung an kunstfremde Zwecke und zur kulturindustriellen Neutralisierung der Kunst. Das Beschwören der eigenen Nützlichkeit, das Engagement für alles und jeden und die Vernarrtheit in Gadgets sind nicht Ausdruck einer Stärke, sondern einer Krise des gegenwärtigen Theaters. Im Folgenden wird die Untersuchung dieser Krise des Theaters und der menschlichen Erfahrung bis zur Frage der gesellschaftlichen Funktion der Kunst führen. Dabei wird immer wieder die politische Dimension der Kunst und ihrer Form zur Diskussion stehen, welche in den Widersprüchen des politischen Theaters und der romantischen Interpretation der performativen Wende in den darstellenden Künsten aufscheinen. Schließlich wird anhand der Begriffe Schein, Spiel und Mimesis entwickelt, wie Kunst in Beziehung zur Idee der radikalen Veränderbarkeit der Welt steht und inwieweit diese Idee zur Erneuerung des Theaters beitragen könnte.

Ein großer Teil des gegenwärtigen Bemühens um Relevanz und Reichweite lässt sich vor allem als Versuch begreifen, der Frage nach dem Warum des Theaters auszuweichen, anstatt den Versuch ihrer Beantwortung zu wagen. Daraus ergibt sich eine Reihe an schalen Kompromissen. Blindes Weitermachen und blindes Andersmachen verhalten sich komplementär. Die Versuche, der Kunstform Theater wie einer Dienstleistung eine klare Funktion oder einen Anwendungsbereich zuzuweisen, entsprechen dabei der kulturpolitischen Tendenz, ihre unabhängige Institutionalisierung durch projektgebundene Förderung zu unterlaufen. Was wäre die Folge einer solchen Umwandlung in eine beliebige Dienstleistung? Was hat das Theater denn anzubieten? Wohlgefühl? Kritischen Diskurs? Simulation von Politik? Gruppentherapie? Vermittlung sogenannter sozialer oder emotionaler Schlüsselkompetenzen? Früher oder später wird angezweifelt werden, ob das Theater für diesen zu erbringenden Dienst überhaupt die effektivste Form darstellt. Und was wäre noch dagegen einzuwenden? Das Theater hätte sich abgeschafft, durch bloße Angleichung. Es ist, wenn wir genau hinsehen, gerade mittendrin, es zu tun oder hat es schon getan. Weil die Frage nach dem Warum des Theaters nicht in all der Entschiedenheit und Radikalität angenommen wurde. Nach Fabian Hinrichs ist die »wichtigste Frage für Schauspieler im 21. Jahrhundert: Bist Du Künstler oder arbeitest Du im Service?«[7] Die Künstler waren vermutlich seit jeher Diener zweier Herren, nämlich der Kunst und der Auftraggeber, und dieser Zwiespalt ist heute noch nicht aus der Welt, auch wenn der heiliggesprochene Markt in die Rolle der Auftraggeber geschlüpft ist und die Kulturpolitiker und Intendanten sich wie seine Propheten aufführen. Doch wie es in einem Manifest der Zwanzigerjahre heißt: »Künstler, erklärt Euch solidarisch mit der Kunst!«[8] Ergreifen wir für sie Partei! Denn auch ein Publikum gewinnt man nicht, indem man sich ihm anzubiedern, indem man es zu umschmeicheln versucht, sondern indem man auch in dessen eigenem Interesse zuweilen von ihm absieht und stellvertretend an einer Sache arbeitet, die potenziell für alle von Interesse wäre. Das Theater könnte den Zuschauern voraus sein – statt nur hinterher, als Dienst am Kunden. Und das wirkliche Begehren der Zuschauer könnte möglicherweise jenes sein, das sie selbst noch nicht kennen oder zu wünschen wagen. Dies zu zeigen und zu wecken, wäre ein großes Vorhaben des Theaters. Das Theater hat die Mittel dazu, man muss sie nur zu nutzen wagen. Die Frage nach dem Warum des Theaters, die auch den Ausgangspunkt der Erneuerung seiner Idee bildet, wird nicht von den Künstlern allein beantwortet werden können. Auch das Publikum ist aufgefordert, sich Antworten zu ersinnen. Ebenso die Theaterkritik, die sich durchaus nicht mit der Rolle des berichterstattenden Anhängsels des Betriebs begnügen, sondern eine eigene ästhetische Position entwickeln und vertreten dürfte. Unabdingbar ist dafür eine Auseinandersetzung mit unserer Zeit. Wer beurteilen will, was auf der Bühne geschieht, muss wissen, in welcher Welt man lebt. Denn die Krise des Theaters ist ein Ausdruck der Krise dieser Welt und ihrer gesellschaftlichen Ordnung.

Krise des Theaters und beschädigte Erfahrung

Die Krise des Theaters ist deswegen so tief greifend, weil sie kaum als solche erkannt wird. Das klingt zunächst paradox. Wie sollte ein Problem gerade dadurch entstehen, dass es nicht zur Kenntnis genommen wird? Um diese Paradoxie aufzulösen, kann man sich den Begriff der Verdrängung und der Symptombildung aus der psychoanalytischen Theorie vergegenwärtigen. Ein Symptom ist zu verstehen als eine Kompromissbildung, indem der ursprüngliche Konflikt einer Ersatzbefriedigung zugeführt wird. Der Ersatz, der gebildet wird, ist nach Sigmund Freud allerdings verkümmert und verschoben. Er wird zudem vom Ich nicht nur als Befriedigung erlebt, sondern als Zwang. Es gibt keine Verdrängung ohne Wiederkehr des Verdrängten, das ist die entscheidende Einsicht der Psychoanalyse. Die Kunst im Allgemeinen wäre als das Symptom einer Verdrängung durch die technische Rationalität aufzufassen, als das Andere der Logik, das deswegen nicht unlogisch ist. In Konsequenz daraus lautet die Aufgabe, durch die Symptome und die gespenstische Wiederkehr des Verdrängten die Konflikte lesbar zu machen, die zu ihrer Bildung geführt haben. Auf die gleiche Weise können wir auf das Theater blicken. Bestimmte Erscheinungen lassen sich verstehen als Zeichen eines ungelösten, im Laufe der Zeit vergessenen Konflikts. Reagierte zum Beispiel Heiner Müllers Formulierung »Mein Drama findet nicht mehr statt« in *Hamletmaschine* auf die Blockade von Geschichte, das Ende menschlicher Handlung im welthistorischen Maßstab angesichts der bloßen Zirkulation von Waren um den Erdball, dem auch der erstarrte Ostblock nichts mehr entgegenzusetzen hatte, wurde das später als ein positives Credo verstanden. Doch das in der Folge aufgekommene postdramatische Theater hat das Drama nicht überwunden, es ist Symptom seiner Erschütterung. Es hat aber inzwischen verdrängt, warum das Drama in die Krise geriet. Und auch die inflationäre Adaption von Romanen und Filmen erweist sich nicht gerade als eine besonders überzeugende Lösung für den schmerzlichen Mangel an gelungener dramatischer Literatur für die Konflikte unserer Gesellschaft. Texte anderer Gattungen für die Bühne zu adaptieren, ist keineswegs verwerflich. Doch zeigen die meisten Adaptionen vor allem, dass die Eigenart der Bühnenliteratur verfehlt wird. Beliebigkeit ist hier aber fehl am Platz, ein Text ist nicht einfach ein Text. Gattungen sind Namen für die inneren Maßgesetze des Ästhetischen. Die je eigene Wirkung ergibt sich aus der Angemessenheit für die Situation. Formlosigkeit ist hingegen ein zweifelhaftes Ideal, weil ihm alles nichtig ist. Wo die ohnehin niemals starren Grenzen der Gattungen fallen, ohne damit tatsächlich etwas Neues zu schaffen, fallen sie umsonst. Skepsis gegenüber der sich als Fortschritt gerierenden Gleichgültigkeit in Bezug auf die Spezifik der Kunst ist durchaus angebracht. Denn so bleibt das Neue hinter dem Alten, das es verwirft, zurück. Vormalige Kritik wird affirmativ, wo sie sich losgelöst von dem Bewusstsein des ursprünglichen Konflikts als eine für alle Zeiten gültige Lösung präsentiert. Sie verwandelt sich selbst in einen Zwang. Es ist ein Teil der postmodernen Mode, alle Momente der Vergangenheit als gleichgültige Zitate für die Gegenwart aufzubereiten. Doch das ergibt keine Theorie der Gegenwart, ist nur ein eklektischer Strom von Referenzen, der verbirgt, was noch immer wirksam ist. Auch in der Postmoderne sind die Konflikte der Moderne nicht verschwunden, ein erster Schritt der Aufklärung bestünde demnach in der Vergegenwärtigung der Ungelöstheit dieser Konflikte.

Was es nicht geben kann, ist eine Rückkehr zu vermeintlichen Sicherheiten im Theater. Noch weniger, wenn damit nur die Rückkehr zu denen gemeint ist, die es schon immer im Dienste des Bestehenden zufriedenstellend, weil harmlos und neutralisiert verwaltet haben. Aber auch ästhetisch gibt es keinen Punkt des sicheren Rückzugs. Weder der Begriff der Rolle noch der Bühne noch des Texts sind selbsterklärend. In Bezug auf das Theater kann es nichts Festes, Unhinterfragbares geben. Es gilt wie in der Philosophie, dass die Wahrheit keine ausgeprägte Münze sei, die man einfach in die Tasche stecken und mit sich tragen könne, wie Hegel einst feststellte. Was das Theater ausmacht, ergibt sich aus dem Zusammenspiel seiner Elemente. Diese Einsicht sollte aber nicht zu dem Fehlschluss führen, dass man rein gar nichts mehr aussagen könne, dass alles im schlechtesten Sinne relativ, nämlich nichtssagend sei. So würde die Sache ins Gegenteil verkehrt. Wenn alles infrage steht, gibt es auch die Verpflichtung, sich um Antworten zu bemühen. Wer nur alles infrage stellt, um dann angesichts der Vielgestaltigkeit der Probleme oder der Mühe des Begreifens müde abzuwinken und sich damit zu begnügen, dass einfach jeder machen solle, wie es gerade passe, lässt alles wie es ist und sabotiert das proklamierte Vorhaben einer an der Sache interessierten Kritik. Der Relativismus bleibt auf wohlfeiler Distanz zu den Gegenständen. Indem er sich eines Urteils enthält, fällt er über alle zugleich das allerschlimmste, nämlich dass es völlig egal sei, wie etwas beschaffen sei – ein Kunstwerk, ein Gedanke oder die Gesellschaft. Dahinter verbirgt sich ein Zynismus, der nur deswegen so erfolgreich ist, weil er in den Masken der allseitigen Informiertheit, der überspitzten Parodie und der abgebrühten Ironie auftritt. Diese Haltung ist das Symptom der verdrängten Krise des Theaters. Wer nicht mehr fragt, warum überhaupt Theater ist oder künftig noch sein soll, hat mit dieser Kunstform im Grunde schon abgeschlossen. Sie ist dann bloßes Mittel, aber kein Zweck mehr. Der Relativismus verspricht zwar die Würde eines jeden einzelnen Objekts, doch realisiert dies nur in einem dem Kastenwesen vergleichbaren Modus: Indem die Dinge als unberührbar erklärt werden, sind sie zugleich mit der größten Verachtung belegt.

Die Sache muss im Zusammenhang betrachtet werden. »Es veröden die Parlamente gleichzeitig mit den Theatern«,[9] heißt es bei

Walter Benjamin. Gesellschaftlich kehren Konflikte wieder, die man für überholt hielt. Sie widerlegen die Rede des Diffundierens von Geschichte, der zufolge nach der weitgehenden Durchsetzung des liberalen Kapitalismus ausschließlich individuelle Anerkennungs- und Aushandlungsprozesse an die Stelle politischer Auseinandersetzungen um prinzipielle Fragen der Gesellschaftsform getreten seien. Das hat sich als Fehlannahme erwiesen. Der verdrängte Gegensatz der Klassen lässt dieses Modell scheitern, die gesellschaftlichen Bedingungen sind zu ungleich, um die Reduktion von Demokratie auf Verfahrensaspekte und Verwaltung angemessen erscheinen zu lassen. Das erste Zeichen des Endes vom Ende der Geschichte ist die Wiederkehr antagonistischer Konflikte und damit einhergehend der Polarisierung der Gesellschaft. Aus der Sicht derer, die Konflikt und Tragödie für überholt erachtet haben, muss das geradezu unheimlich und gespenstisch wirken. Das hat mit der weitgehenden Verdrängung dessen zu tun, was in die Grundfesten unserer Gesellschaft weiterhin eingeschrieben ist, ein ungeheures, verborgenes soziales Privileg, die ausbeutende Aneignung fremder Arbeit durch das Kapital. Dass der Liberalismus bezüglich dieser Tatsache einen blinden Fleck hat, zeigt dessen bis zur

Panik neigende Reaktion auf die Wiederkehr des Verdrängten in entstellter Form. Doch die bloße Abwehr oder Leugnung des Konflikts kann diesen nicht zum Verschwinden bringen, sondern verstrickt sich nur blind in dessen Dynamik. »Um den Alpdruck der Geschichte loszuwerden, muß man zuerst die Existenz der Geschichte anerkennen. Man muß die Geschichte kennen. Sie könnte sonst auf die altmodische Weise wiedererstehen, als Alptraum, Hamlets Geist. Man muß sie erst analysieren, dann kann man sie denunzieren, sie loswerden«,[10] mahnte Heiner Müller. Widersprüche dieser Art können auch für das Theater von Interesse sein. Während es in Vorzeiten in engem Verhältnis zur Totenbeschwörung stand, kann es zugleich ein Widerpart des Tödlichen werden, Beitrag zum Ausbruch aus dem fatalen Wiederholungszwang durch Beerdigung der Vorgeschichte. Es geht im Theater nicht nur um die Widersprüche, sondern darum, diese auch mit poetischen Mitteln zur Darstellung zu bringen. Unterbleibt das, wird es dekorativ. Es wird dann nichts mehr mitzuteilen haben. Das Publikum wendet sich ab, die modernen Totaltheater der Nachtclubs oder die neuesten Serienproduktionen der Filmindustrie versprechen sowohl mehr Wirklichkeit als auch mehr Vergnügen, und so bleibt nur eine leere Bühne, eine Erinnerung an eine Kulturtechnik, deren Möglichkeiten in Vergessenheit geraten sind.

Diese Dominanz entleerter Wirklichkeit korrespondiert mit einer weitergehenden Entwicklung: Es ist die menschliche Erfahrung selbst, die bedroht ist. Erfahrung ist im Anschluss an Kant nichts Vorreflexives im Sinne einer bloßen Mannigfaltigkeit des Seienden, sondern schon Ergebnis der Tätigkeit des Verstandes. Erfahrung ist mehr als nur ein Sinneseindruck, sie ist reflektierte Sinnlichkeit. Ästhetische Gegenstände lassen sich ähnlich beschreiben. Denn in der Kunst wird unsere Aufmerksamkeit nicht nur auf eine Tatsache gelenkt, die man zur Kenntnis nimmt oder auch nicht. Durch die ästhetische Arbeit an der Sinnlichkeit wird die Wahrnehmung der Wahrnehmung ins Zentrum gerückt. Wenn ein Mensch für andere eine Handlung spielt, interessiert vor allem, auf welche Weise sie gespielt wird, also die Betonung und die Gesten, das Kostüm, das Licht, die Kulisse usw. So ist beispielsweise auch in der bildenden Kunst nicht entscheidend, wenn auf einem impressionistischen, einem expressionistischen und einem surrealistischen Gemälde ein und dasselbe Gebäude zu sehen wäre, sondern *wie* es dargestellt wird, wie es auf uns wirkt, wie wir es erfahren. Die ästhetische Erfahrung ist in sich reflektierte Wahrnehmung und als solche zugleich Kritik der Alltagswahrnehmung, indem wir sehen, *wie* wir sehen, indem wir fühlen, *wie* wir fühlen und indem wir begreifen, *wie* wir begreifen. Als solche ist die Erfahrung der Einspruch gegen das schablonenhafte Denken als Feind aller Kritik. Wenn wir den Vergleich mit dem Bild noch einmal aufgreifen, so interessiert in der Kunst an dem dargestellten Gebäude nicht die Vermittlung von Wissen: Baujahr, Bauweise, architektonischer Stil oder Details über maximale Traglast oder Lage der Rettungswege sind nicht wesentlich für das Kunsterleben. Worüber Kunst informiert, ist etwas völlig anderes, als worüber ein Bauplan, ein Handbuch oder auch eine Zeitung informieren könnte. Sie zielt nicht auf Objektivität, sondern auf die Stellung des Subjekts zu derselben. Wir werden zu uns selbst ins Verhältnis gesetzt. Für dieses bewusste Selbstverhältnis wird in der Philosophie der Moderne der Begriff der Reflexion verwendet. Und in den Bereich der Reflexion fällt auch die Kunst. So fragt sie nicht nach dem Wissen, sondern nach dem Verhältnis, welches wir zu ihm einnehmen können. »Theater ist Erfahrung, keine Mitteilungsform«,[11] pointierte es Heiner Goebbels. Dementsprechend skeptisch sollte man auf all jene Versuche blicken, die das Theater als Instanz zur Vermittlung von Informationen betrachten. Ein solcher Versuch, egal wie gut er gemeint sein mag, hat »aufs Haar genau soviel mit der Welt zu tun wie die Zeitung: er berichtet von ihr, aber er stellt sie nicht dar; er vermehrt ihre Ereignisse um ein Ereignis, ihre Zustände um einen Zustand, ihre Menschen um mehrere Menschen – aber die Welt selber, das alte Objekt geht weiter, verdunkelt durch einen neuen Tatbestand, statt erleuchtet durch eine Vision.«[12] Geht nicht die theatrale Darstellung der Schlagzeilen oder die pseudospontane Recherche auf der Bühne à la »Schau, was ich hier entdeckt habe!« an dem Wesentlichen vorbei? Kann das Theater nicht weitaus mehr lehren als nur abfragbares Wissen, das zwar für die zur Schau gestellte Informiertheit auf der Premierenfeier taugen mag, sich aber am nächsten Tag unter all die weiteren Ereignisse eingereiht und weiter keinen Einfluss auf uns hat? Geht es nicht vielmehr um Haltungen? Um eine Selbstverständigung in Bezug auf die Fragen: Was sollen wir tun? Wie sollen wir leben?

Gehen wir noch kurz der Verbindung von Kunst und Philosophie im Begriff der Erfahrung und der Reflexion nach. Seit Kant ist die Frage der Moderne nicht nur, was wir wissen können, sondern welches Verhältnis wir zu unserem eigenen Wissen einzunehmen gedenken.

In der Kunst wie in der Philosophie führt ein objektiver und quantifizierbarer Wissensbegriff offensichtlich nicht weiter. Denn wäre Brecht ›richtiger‹ als Shakespeare oder könnte ihn widerlegen? Oder ist Shakespeare plötzlich ›falsch‹, weil in seinen Stücken dem Anschein nach nicht die Welt beschrieben wird, in der wir leben? Offenbar funktioniert Kunst auf eine andere Weise. Weil es in der Kunst wie in der Philosophie um maßgebliche Strukturen der Welt geht, ist die Reflexion derselben das Entscheidende – unabhängig davon, ob an der Stelle des Herren die Figur eines Königs oder eines gewählten Präsidenten, an der Stelle des Knechts ein Leibeigener oder das moderne Großstadtprekariat und an der Stelle des Absoluten der Begriff Gottes oder der der gesellschaftlichen Totalität steht. Kunst und Philosophie beinhalten ein anderes Verhältnis zur Welt als das faktische Wissen, aufgrund ihrer Reflexivität zählte Hegel sie neben der Religion zum absoluten Geist. Die Frage des Wissens und der Wahrheit desselben hat die Psychoanalyse für das moderne Subjekt nochmals radikalisiert. In den Abwehrmechanismen und der Verdrängung zeigt sich, dass es ein Leben mit der Wirklichkeit gibt, das diese zugleich nur entstellt zur Geltung kommen lässt. Was ist, wenn das Wissen des Subjekts nicht mit seiner Wahrheit vereinbar ist? Wenn alles am falschen Platz ist – und wir völlig außer uns sind? In *Der Geist der Komödie* beschreibt Alenka Zupančič das wie folgt: »In der Analyse hetzt das Subjekt sehr oft in verschiedene Richtungen, jedes Mal in der Erwartung ein heilsames Wissen zu finden, irgendeine geheime Formel, die es von seinem Schmerz entbinden wird.«[13] Doch das ist ein Missverständnis, ein komisches oder auch tragisches. Denn das Subjekt leidet nicht an dem Mangel an Wissen, sondern daran, dass das Wissen nicht an dem Platz der Wahrheit ist. In der Psychoanalyse geht es darum, im Modus der Nachträglichkeit zu realisieren, was man schon weiß, also das Wissen an den richtigen Platz zu rücken. Und so hetzt auch das Theater in die verschiedensten Richtungen in der Erwartung einer heilsamen Neuerung und vergisst dabei, dass es nicht um eine quantitative Zunahme an faktischem Wissen geht oder den maximalen Einsatz neuester technischer Erfindungen, sondern um den Platz der Wahrheit. Um die Erfahrung und Realisierung dessen, was eigentlich schon gewusst wird – wenn auch nicht bewusst.

Während sich die Welt beschleunigt, tritt sie zugleich auf der Stelle. Auch das orientiert sich am größeren gesellschaftlichen Rahmen: Es wird *just in time* hergestellt, Waren wie Menschen zirkulieren schneller denn je, die Produktionszyklen werden verkürzt, Informationen in Sekundenbruchteilen transportiert. Der Kapitalismus kann keine Zeit ohne Profit vergehen lassen, das Kapital tendiert zur Nullzeit. Doch die absolute Bewegung fällt mit dem Stillstand zusammen, weil sie bloße Selbstbezüglichkeit ist. Die Sinnlosigkeit dieses Prozesses wird allerorten verspürt und lässt die Menschen verstummen, während sie mit Likes und Schmunzelpiktogrammen noch etwas wie zwischenmenschlichen Austausch simulieren. Doch das hat keine technischen, sondern soziale Ursachen. Der Verfall der Sprache resultiert daraus, dass sie als Medium der Verständigung freier und mündiger Menschen, die über die Gestaltung ihrer gemeinsam bewohnten Welt beraten, schlicht überflüssig geworden ist. Der stumme Zwang der Verhältnisse kommuniziert, wenn überhaupt, nur in Befehlen. Im Theater zeigt sich das als Krise des Dialogs und Rückzug ins Monologische, ein Versuch, zumindest den Ausdruck des Subjekts unter unwirtlichen Bedingungen noch zu behaupten. Gegen die Sprachlosigkeit der Herrschaft steht die Utopie der Versprachlichung der Welt, an der auch das Theater arbeitet. Auf der Bühne kann die soziale Ursache hinter der technischen Fassade gezeigt werden. Die Übersetzung in einen Bühnenvorgang ist zugleich die Rück-übersetzung technischer Verdinglichung: als eine Handlung zwischen Menschen. Das Theater muss nicht digitalisiert werden, um sich dem Zeitgeist anzupassen. Im Gegenteil könnte es zeigen, dass Mechanisierung, Robotisierung oder Digitalisierung nicht die Grundlage der Gesellschaft bilden, sondern nur deren technische Erweiterung. Es könnte zudem demonstrieren, dass der Technoidealismus nicht in der Lage ist, seine eigenen sozialen Voraussetzungen zu erkennen. In der Kritik der rein technischen Erscheinungsform der Welt liegt ein spezifisches Vermögen des Theaters. Das spricht nicht dagegen, digitale Mittel zu nutzen, wo sie sinnvoll angewendet werden können. Das Digitalisierungstheater jedoch tendiert zur aufgeblähten technischen Spielerei, deren Faszination in der bloßen Neuheit der Gerätschaften liegt, mehr Technikmesse als Theater. Es reizt als Sensation, lässt uns aber ansonsten völlig unberührt. Zugleich liegt die Utopie des Theaters im Gegenteil der leeren Zeit des Kapitals: in der Erfahrung erfüllter Zeit. Gegen die Vernichtung von Zeit steht die erlebte und die gelebte Intensität, die zugleich der Vorschein eines Lebens in Bezug auf eine Wahrheit sind, in dem die eigene Existenz nicht nur als Anhängsel selbstbezüglicher Prozesse erscheint.

Weil für das Kapital keine Zeit ungenutzt, also unprofitabel bleiben darf, äußert sich Ideologie gegenwärtig in dem aktivierenden Zwang zur Teilnahme. Als Atomisierte werden die auf den Monolog zurückgeworfenen Einzelnen wieder einbezogen. Wer sich entzieht, ist verdächtig. »Selbst bei der progressiven Politik von heute liegt die Gefahr nicht in der Passivität, sondern in der Pseudoaktivität, im Zwang, aktiv zu sein und teilzunehmen«,[14] diagnostiziert Slavoj Žižek. Den Begriff der Pseudoaktivität prägte Adorno in seiner Auseinandersetzung mit der Studentenbewegung der Sechzigerjahre, wobei sein Vorwurf nicht darin bestand, dass diese zu revolutionär sei, sondern dass sie sich eben nicht besonders revolutionär verhalte, sich das aber permanent einzureden versuche. Solcher Pseudoaktivismus hat insbesondere in der Kunstwelt Konjunktur. Als ausgesprochen kritisch gilt das Mitmachtheater. Es soll die Trennung zwischen Spielern und Publikum infrage stellen und Grenzen überschreiten. Überhaupt wird Subversion als das höchste aller kritischen Gefühle verstanden. Aber kann das Verfahren der Subversion einhalten, was es verspricht? Die subversive Geste ist im kulturellen Feld zur klassischen Geste geronnen, erläutert Michael Hirsch in *Logik der Unterscheidung. Zehn Thesen zu*

Kunst und Politik. Ihr Erfolg begründe sich unter anderem dadurch, dass sie zwar eine ethische Geste der Verweigerung etabliere, aber keine positiven Antworten auf die praktischen und politischen Fragen unserer Zeit geben könne. »Sie produziert eher einen fiktiven Tauschwert im kulturellen Feld als einen Gebrauchswert im politischen Feld.«[15] Die Politisierung der Ästhetik – die Walter Benjamin am Ende seiner Abhandlung *Über das Kunstwerk im Zeitalter seiner technischen Reproduzierbarkeit* noch fordert – müsse man als Pendant der Ästhetisierung von Politik begreifen, nicht als ihr Gegenteil. Ästhetisierung der Politik ist Entpolitisierung mit kritischem Anstrich. Hirsch greift das Argument der Pseudoaktivität auf und erweitert es zugleich auf den Bereich ästhetischer Ersatzhandlungen. Indem die Paradoxie des Ästhetischen ausgedehnt wird, verliert sie zugleich ihre Wirkung und fällt in den Bereich der Distinktion. Die Möglichkeit, ungedeckte Behauptungen aufzustellen, wird zunehmend privativ und romantisch verwendet. Die geradezu inflationäre Produktion radikaler Gesten im Kulturbetrieb und deren subjektive Akkumulation können dann unmöglich als Zeichen der Stärke und der subversiven Attacke verstanden werden, vor allem wenn sie zudem eher beschwichtigende Effekte haben.

Der Gebrauch dieser Gesten ist es, was unsere Skepsis nähren sollte. Verdrängt werde nämlich, so Hirsch, dass es seit den Sechzigerjahren kaum gelungen sei, die radikale kulturelle Emanzipation auf die politische, rechtliche und soziale Infrastruktur der Gesellschaft zu übertragen. Auch hier stoßen wir wieder auf den Befund, dass ein Teil der Krise darin besteht, sie nicht als solche zu erkennen. Dementsprechend versteht Hirsch das Erstarken der kulturellen Linken als ein Symptom der Schwäche der politischen – wie für Adorno die Pseudoaktivität aus der Verdrängung der politischen Ohnmacht im Monopolkapitalismus entsprang. So zeigt sich das Zusammenspiel von struktureller Veränderungslosigkeit und rapider Oberflächenbewegung, die so bezeichnend für unsere Epoche geworden ist.

Kann nun also die subversive Geste im Theater eine sinnvolle Bedeutung haben? Oder fügt sie sich doch weitaus besser ein, als es auf den ersten Blick erscheinen mag? Nehmen wir ein Beispiel, das häufig zu beobachten ist. Das Geschehen auf der Bühne konzentriert sich darauf, etwas bisher Verborgenes sichtbar zu machen – die politisch verdächtigen Einstellungen des Autors, die Anordnung des Theaters selbst oder die subtilen Unterdrückungsmechanismen der symbolischen Ordnung, die zu diesem

Zweck als Zitate vorgeführt werden. So soll das Eigentliche des Gezeigten enttarnt, die Maske herabgerissen werden – ohne dass klar wäre, welche weiteren Wirkungen sich aus einer solchen Herangehensweise ergeben. Eine Kritik, die nur gegen eine Norm anstürmt und so ihr verborgenes Wirken enthüllen will, begibt sich in einem unendlichen Regress auf die Suche nach all den Normen, die es darzustellen und zugleich zu unterlaufen gilt. Diese Form von Kritik, die abseits allen Inhalts immer wieder die Wirksamkeit und Unwirksamkeit normativer Ansprüche demonstriert, wird zur »Hyperkritik« (Thomas Edlinger). Sie muss alles relativieren, weil sie alles nur als Norm begreifen kann. Sie kann nicht anders, als sich hypnotisch an den von ihr kritisierten Sachverhalt zu binden, der dann wie automatisch immer wieder hervor- und zum Verschwinden gebracht wird; ein sich selbst erhaltendes Verfahren. In Verbindung mit dem »Narzissmus der kleinen Differenzen« (Sigmund Freud) wird so eine Struktur geschaffen, die unersättlich ist, deren Bedarf an Kritik sich vor allem quantitativ darstellt. Kritik wird so zu einer Geste, die es zu akkumulieren gilt. Kritisch, kritischer, am kritischsten – als Wettbewerb verschiedener Produkte auf einem Markt, auf dem man sich zu behaupten hat. Doch die Fokussierung auf die einzelne Norm unterläuft den Zusammenhang des Ganzen. Der isolierte Gegenstand bringt auch eine isolierte Kritik hervor, die ihre Befriedigung im fein säuberlichen Abgrenzen findet, unempfindlich für die inneren Widersprüche der Dinge. Letztlich erschöpft sich ein solches Verfahren mit der Vorauswahl eines Gegenstandsbereichs. Solche Beschränkung ist die Folge eines auf Subversion verengten Begriffs von Kritik. Diese Theorie hat die Tendenz, in borniere und argwöhnische Zeichenprüferei und -hüterei zu münden, mit der man der Wirklichkeit und ihren Widersprüchen immer einen Schritt hinterher ist.

Beschleunigung und Auf-der-Stelle-Treten sowie Pseudoaktivität und Reflexionslosigkeit bedingen einander, was sich bis in die innere Gestalt der Kunstwerke überträgt. Denn je weniger Zeit zur Auseinandersetzung mit den Stoffen zur Verfügung steht, desto größer der Zwang, auf schon Bekanntes zurückzugreifen. Je aktueller etwas sein muss, desto schablonenhafter und schematischer wird es aufbereitet. Urteile bleiben bloße Vorurteile und verharren im Status äußerlicher Meinungen, aber berühren nicht das Wesen der Sache. Aber was interessiert denn am Theater, wenn nicht das, was alles zusammenhält? Es beginnt bei den Texten. Es fehlt dramatische Literatur, die über die Gegenwart etwas auszusagen hätte und deren Eigensinn zu behaupten wüsste. »In unseren Tagen zieht die kritische wie die belletristische und dramatische Schreiberei spätestens mit dreißig nach Berlin, sofort passiert ihr eine witzige Glosse nach der anderen, bald funkt kein Gedanke mehr dazwischen und ein halbes Jahr später hat sich das Talent totgetweetet. Der Rest sind Gesten (Lesedauer: 3 Minuten), oft ironische oder, noch langweiliger, empörte«,[16] so die treffende Beschreibung von Dietmar Dath. Der Mangel an Dramatik verwundert kaum, wenn man sich vor Augen hält, wie mit ihr üblicherweise im Theater verfahren wird. Wenn der Text überhaupt als etwas mehr als nur ein Reservoir beliebiger Stich- und Schlagwörter behandelt wird, kommt es doch selten zu einer profunden Auseinandersetzung mit demselben – nicht zuletzt, weil sich die Ökonomie (der Zeit) geltend macht. Es ist offensichtlich, dass die Verkürzung der Probenzeit auf nur wenige Wochen größte Schäden anrichtet. Vieles wirkt wie von dem Fließband, über das die Schauspieler dann teils auch realiter Abend für Abend stapfen müssen. Das Kolportagehafte, der Überhang des bloßen Materials, die Flachheit der Einfälle, die intellektuelle Dürftigkeit, die Textfremdheit aus Unverständnis und insbesondere die simplen Wiedererken-

nungseffekte, die heute ›starke Regiehandschrif-
ten‹ genannt werden, sind die Folge einer ober-
flächlichen Auseinandersetzung. Wenn nur
noch vorgefertigte Schemata der Regie an-
gewandt werden, um wiederum deren Marke
zu festigen, verschwimmen alle Abende zu
einem. Man hat alles schon gesehen, und ob
die Bühne nun ein bisschen anders ist oder der
Text oder die Schauspieler, ist im Grunde egal,
denn alles sind nur austauschbare Elemente.
Austauschbarkeit aber verweist auf Starrheit,
denn in einem Gefüge, in dem es auf die einzelnen Elemente wirklich ankommt, ist nichts
austauschbar. Dem kann man nicht mittels un-
gewöhnlicher Spielorte oder anderer Pseudo-
artefakte auf der Bühne entfliehen, handelt es
sich doch nicht um ein Fehlen von Authen-
tizität oder Originalität, sondern um einen
Mangel an Vergeistigung und künstlerischem
Zusammenhang. Dass dieser nicht zustande
kommt, hat auch mit der Überproduktions-
krise des Theaters zu tun: Immer mehr Produktionen in immer kürzerer Zeit versprechen
zwar zielgruppenorientierte Aktualität, gehen
aber zugunsten innerer Durchgestaltung, ohne
die die Charakteristik eine Epoche überhaupt
nicht begriffen werden kann.

Was schnell gemacht ist, ist schon veraltet.
So lautet das Paradox, dem auch das Theater

ausgesetzt ist: Entweder spielt es die Tagespresse auf der Bühne nach oder es arbeitet
ernsthaft daran, die Erfahrungen des Zeitalters
zu artikulieren. Dafür braucht es freilich Zeit,
die heute nicht gestattet wird. Die Fixierung
auf Aktualität aber, die durch die professio-
nelle Kritik meist noch zuvorkommend gou-
tiert wird, ist für das Theater fatal. Angekettet
an den »Pflock des Augenblicks« (Friedrich
Nietzsche) folgen daraus vor allem Kurzsichtig-
keit und Verlust an Bewusstsein. Wer immer
hinterherhetzt, wird alsbald nichts mehr zu
sagen haben, was nicht sowieso bekannt wäre –
und was bekannt ist, ist gerade nicht erkannt.
Kein Wunder, dass die Zuschauerzahlen trotz
Zunahme an Veranstaltungen meistenorts sta-
gnieren. Die größte Last dieser Entwicklung
tragen wohl die Schauspieler, die nicht nur zu
Rollenautomaten degradiert die zahlreichen
Produktionen spielen müssen, sondern dann
noch hier ein Rechercheprojekt und dort einen
Extraabend einlegen müssen. Nicht nur Mangel
an Zeit und die allgegenwärtige Überlastung
führen bei den Schauspielern zu Zynismus und
Verzweiflung, sondern vor allem eine Arbeit,
die Welten von dem entfernt ist, was sie sein
könnte. Die daraus entstehenden Missstände
werden zurzeit nur notdürftig kaschiert, indem
das spielende Personal einfach ausgetauscht

werden kann, sobald es verbraucht ist. Zu befürchten ist, dass dabei die Sensibleren, Aufmerksameren und weniger Konformistischen unbeachtet auf der Strecke bleiben. Manche werden noch in den von Projektmitteln abhängigen Gruppen, freie Szene genannt, aufgefangen. Die Zustände dort sind nicht viel besser als im viel geschmähten Stadttheater. Man teilt mehr Probleme, als man sich beiderseits eingestehen mag. Während das eine Projekt mit Minimalbudget auf die Bühne gehievt wird, stehen schon die nächsten Anträge auf der Tagesordnung. In der Angst, keine Mittel bewilligt zu bekommen, versucht man die mehr oder weniger geheimen Wünsche und Vorlieben der Jurys und Kommissionen zu erahnen – die daraus hervorgehenden Anträge sind von dementsprechend erschreckender Ähnlichkeit, weil nur die Karte der Aktualität gespielt wird. Substanzielle Experimente, die immer auch die Gefahr des Scheiterns in sich tragen, können kaum gewagt werden, will man doch nicht gegenüber den Finanziers seine Kreditwürdigkeit für künftige Projekte verspielen. Kontroverse inhaltliche Auseinandersetzungen werden ebenfalls vermieden, um in einer Szene, die sich im Griff jener Geldgeber befindet, nicht als Verbreiter schlechter Stimmung aufzufallen. Wagnisse und Kühnheit sind angesichts dieses immensen Konformitätsdrucks kaum mehr zu erwarten. Es scheint, als hätte sich erst heute die Wiederkehr des Immergleichen vollständig realisiert, die Max Horkheimer und Theodor W. Adorno als Merkmal der Kulturindustrie bezeichneten: als rasender Stillstand einer absoluten Gegenwart, in der Zitate der Vergangenheit neben Elementen der Wirklichkeit zirkulieren, ohne ein verbindendes geistiges Band, sondern nur als leere Bewegung von Stoff, der nicht zu sich selbst kommen und auf den keinesfalls das Licht der Idee fallen darf.

Das Erbe der Kulturindustrie

Wenn wir über das Theater unserer Zeit nach-
denken, müssen wir es zugleich im Zusammenhang des Systems der Kultur betrachten.
Zwei Tendenzen sind dabei von besonderer Bedeutung, gerade für die Frage, was Kunst im
Allgemeinen und Theater im Speziellen zu bewirken vermögen: Da ist zum einen die gesellschaftliche Funktion der Kultur und zum anderen die Warenförmigkeit all ihrer Produkte.
Die Frage nach Ersterer behandelt die Stellung
der Kunst zu den bestehenden Verhältnissen.
Kann sie mehr sein als ein Blumenkranz auf
den ehernen Ketten der Herrschaft, wie Rous-
seau mutmaßte? Kunst steht nicht außerhalb
der Kämpfe und ideologischen Auseinandersetzungen ihrer Zeit. Ergänzt werden muss
diese Feststellung darum, dass sie jedoch auch
nicht per se gegen ihre Zeit steht. Es wäre ein
Irrglaube, der Kunst ein an sich subversives
Potenzial zuzugestehen. Drehen wir die Annahme um. Behaupten wir, kaum etwas wäre

zur Verbreitung von Ideologie so geeignet wie die Kunst, nicht obwohl, sondern gerade weil sie als kritisch gilt, weil ihr das Verbergen von Werturteilen hinter einer Fassade ästhetischer Ambivalenzen eigen ist. Wäre Kunst nur einer der ideologischen Apparate der bestehenden Ordnung? Da eine apriorische Bestimmung der Kunst als subversiv oder ideologisch offenkundig scheitert, lohnt eine historische Einordnung: Für das Bürgertum spielte die Kunst einst die Rolle eines Reservats der Humanität, welches als Widerpart zur rauen Geschäftswelt aufgefasst wurde. Das war Ausdruck der Trennung zwischen *citoyen* und *bourgeois*, der sozialen Schizophrenie der bürgerlichen Klasse, die sich selbst die Werte auferlegte, die sie für ihre Geschäftsinteressen verriet. So wurde auch das Versprechen der Kunst verraten, und allein das wäre Grund, sie als nur ideologisches Anhängsel einstiger Herrschaft dem Orkus des Vergessens zu überantworten. Wenn es nur so einfach wäre. Jedes Dokument der Kultur ist nach Walter Benjamin zwar zugleich eines der Barbarei, aber eben auch Einspruch dagegen. War es denn die Kunst, welche die Utopie verriet, indem sie sich nicht nach der Wirklichkeit richtete? Oder umgekehrt die Wirklichkeit, die sich nicht an den Visionen der Kunst auszurichten bereit war? War an der Kunst ihre einstige Beschaffenheit falsch – oder nicht eher, welche gesellschaftliche Funktion ihr zugewiesen wurde? War an der Kunst Lüge, dass sie als Schein die Utopie einer wahrhaft menschlichen Gesellschaft aufrechterhielt – oder nicht eher, dass das Bürgertum glaubte, damit wäre die Sache der Menschlichkeit schon realisiert und erledigt? Je gründlicher und ernsthafter man diese Fragen bedenkt, desto deutlicher wird, dass die Kunst nicht unabhängig von ihrer gesellschaftlichen Funktion zu verstehen ist. Und dass der Verrat des Bürgertums an der Idee des Humanismus und der befreiten Menschheit nicht durch die Austreibung der Utopie aus der Kunst zu tilgen ist. Das zeigte sich mit dem Aufkommen der Massenkultur des 20. Jahrhunderts, mit der sich auch die Eigentumsfrage in der Kunstproduktion stellte. So gab es – vereinfacht dargestellt – neben dem Fortbestehen bürgerlicher Kultur und den Versuchen, diese zu radikalisieren und aus ihrem sozialen Zusammenhang zu lösen, einerseits eine proletarische Gegenkultur und andererseits die Kulturindustrie, hergestellt für die Angestellten. Damit konkurrierten auch zwei Vorstellungen von der Welt: die des Klassenkampfes und der revolutionären Veränderung der Welt und die der sozialpartnerschaftlichen Integration in den Kapitalismus, inklusive faschistischer Option. Jenseits der konkreten Gestalt waren damit je unterschiedliche politische Vorstellungen verbunden: Ist eine neue Ordnung der Kontrolle der Produzenten über die Produktion und ohne Eigentümer möglich, die Idee des Proletariats, oder bleibt man in der Obhut des versagenden, aber zugleich gnädigen Patriarchen, das Modell der Angestellten? Der Widerspruch in der Massenkultur war ein Kampf der Ideen, aus dem mit der Niederlage der Alternative die Kulturindustrie hervorging, die in ihrem Siegeszug eine erstaunliche Fähigkeit zur Integration und Absorption der widerständigen Elemente ihres unterworfenen Gegenteils beweisen sollte. Das Resultat ist eine Kultur ohne Widerspruch, eine neutralisierte Kunst. Das Erbe der Kulturindustrie ist die Bedingung des »ästhetischen Kapitalismus« (Gernot Böhme), wie wir ihn heute kennen.

Wie verhalten sich Kunst, Wirklichkeit und Ideologie zueinander? Wie kommt es, dass die Kunst, obwohl sie doch zugleich Träger der Utopie einer humanen Gesellschaft sein könnte, sich so wunderbar einfügt in die Welt der Waren, die man kauft, verkauft und konsumiert? Zur Analyse dieses Phänomens prägten Adorno und Horkheimer den Begriff der Kulturindustrie. Das Wort selbst verweist darauf, dass es sich um eine Neubestimmung der Kunst unter den Bedingungen der Massenproduktion handelt. Inzwischen wird der Begriff, den die Autoren der *Dialektik der Aufklärung* noch als einen polemischen prägten, in der Kunstwelt als Selbstbeschreibung verwendet. Der Begriff mag falsche Assoziationen wecken. Zum Beispiel, dass Kunst nun in einer Fabrik hergestellt würde oder dass es die kalte Moderne wäre, die dem romantischen Kunstgeheimnis den Garaus gemacht hätte. Im Gegensatz dazu beschreiben Adorno und Horkheimer, wie soziale Kontrolle und Integration mit künstlerischen Mitteln hergestellt wird. Der Impuls der kritischen Theorie bei der Betrachtung von Kunst ist selbst ein politischer, Adorno sagte einmal, ihm gehe es um »eine Theorie, die Marx, Engels und Lenin die Treue hält, aber auch andererseits nicht hinter die fortgeschrittenste Kultur zurückfällt«.[17] Die These von der Kulturindustrie ist nicht zu trennen von der mehr oder weniger subtilen Unterdrückung einer durch die Produzenten selbst gestalteten Kultur in den Händen der Produzenten selbst. Deswegen grenzten die Autoren der *Dialektik der Aufklärung* den Begriff der Kulturindustrie von dem der Massenkultur ab. Nicht die Massen brachten diesen Typus von Kultur hervor, sondern für sie wurde er produziert, wobei die Konflikte dieser Massen darin gerade nicht zum Ausdruck gebracht, sondern gedämpft und verdrängt werden. Sie verspricht Versöhnung im Konsum. Die so entstandene Kultur ist scheinbar eine demokratische und klassenlose, ihrem Anspruch nach adressiert sie alle gleichermaßen – in Wahrheit verbirgt sie die Klassenkonflikte und verhindert das Entstehen eines Bewusstseins von ihnen. So erklärt sich der Untertitel des Kulturindustrie-Kapitels in der *Dialektik der Aufklärung*: »Aufklärung als Massenbetrug«. Der Betrug liegt darin, dass Kunstmittel losgelöst von der Logik des Kunstwerks nicht mehr ästhetische Erfahrung und Erkenntnis ermöglichen, sondern vor allem auf ideologische Wirkungen zielen. Was in dem Kunstwerk auf Veränderung der Wirklichkeit drängte, wird in der Kulturindustrie stillgestellt. Adorno und Horkheimer ging es nicht um die Kultur als Wert an sich, sondern um Kunst als Mittel der radikalen Aufklärung. Das ist weit entfernt von einer elitären Kritik der Massenkultur, wie oft unterstellt wird. Im Gegenteil wird die Kultur an ihrem eigenen Anspruch gemessen. Und so ergibt es sich, dass zwar die Kunst demokratisiert wird, jedoch nur als Stütze der undemokratischen gesellschaftlichen Ordnung. Es wird symbolisch gewährt, was real verwehrt bleibt. Die Produktionsmittel der Massenkultur gehören weiterhin einigen

wenigen, und indem der Zweck der Kultur-
waren eben nicht primär künstlerischen Gesichtspunkten folgt, sondern dem Profit, setzt
sich an die Stelle der Logik des Kunstwerks die
der Warenform. Entscheidend sind nicht so-
sehr bestimmte Inhalte, sondern die Form
selbst, in der alle Inhalte zur Erscheinung kommen. Die Kulturindustrie integriert noch den
Widerstand gegen sich selbst, lässt außer sich
nichts mehr zu. Durchsetzung von Herrschaft
und Verlust der Utopie hängen zusammen.
Kulturindustrie bezeichnet eben jenen Zustand,
der eine »traumlose Kunst«[18] hervorbringt.
Kulturindustrie ist die Austreibung der Utopie
aus der Kunst, die wir bis heute beobachten
können und die sich in den zahlreichen Thea-
teraufführungen wiederholt, die zwar knallige
Effekte zu produzieren wissen, aber nur die
Wirklichkeit im neuen schrillen Gewand an-
preisen – vergleichbar der Reklame – und diese
Wirklichkeit eben nicht mit poetischen Mitteln
unmöglich machen.

Das führt zu dem zweiten Aspekt, der Warenförmigkeit aller Kulturprodukte. Indem die
Kunstwerke in der Warenform aufgehen, verlieren sie zugleich ihre Fähigkeit, mehr zu sein
als nur ein austauschbares Ding. Was aber unterscheidet die Form der Kunst und die der
Ware? Beiden ist ein Widerspruch inhärent, ein

Widerspruch zwischen Sinnlichem und Geistigem, der sich aber gegensätzlich auswirkt. Wenn Marx im *Kapital* über die Ware bemerkt, »daß sie ein sehr vertracktes Ding ist, voll metaphysischer Spitzfindigkeit und theologischer Mucken«,[19] dann können wir ohne Probleme über das Kunstwerk dasselbe sagen. Der »Doppelcharakter« der Waren besteht laut Marx darin, dass ihr zugleich als zu gebrauchendes und als zu tauschendes Ding Wert zukommt. Ihr Tauschwert entspringt keiner Eigenschaft des Dings selbst, keine physikalische Analyse oder Ähnliches könnte ihn zeigen, und doch ist er eine Eigenschaft des Dings, eine gesellschaftliche. Er ist sogar seine entscheidende Eigenschaft, besteht doch der Zweck der Produktion von Gütern in der Vermehrung dieses Werts und nicht in der Herstellung von Gebrauchswerten, sodass der Tauschwert den Gebrauchswert nur als Anhängsel mitschleppt. Die aus dieser Zweckbestimmung folgernde Dynamik des Marktgeschehens lässt die Waren – gleichwohl sie doch Produkte menschlichen Handelns bleiben – scheinbar ein Eigenleben führen, dem sich die Menschen zu unterwerfen haben. Marx sucht dafür eine Analogie in der »Nebelregion der religiösen Welt« und bezeichnet es als »Fetischismus«.[20]

Folgen wir noch kurz dieser Spur, denn

sie führt zu der eigentümlichen Beschaffenheit der Kunstwerke, die nach einer Bemerkung Adornos auch von den Fetischen abstammen. Fetische sind Objekte oder Personen wie Glücksbringer oder Regenmacher, denen übersinnliche Eigenschaften zugeschrieben werden. Marx aber geht einen Schritt weiter. Der Fetischismus der Ware ist kein subjektiver Fetisch, also keine Zuschreibung, sondern ein objektiver. Im Gegensatz zum Regenmacher oder Glücksbringer, deren vermeintliche Wirkung in dem Moment zum Erliegen kommt, in dem man ihnen keinen Glauben mehr schenkt, verschwindet der Fetischismus der Ware selbst dann nicht, wenn man ihm mit dem gesamten Arsenal wissenschaftlicher Kritik zu Leibe rückt oder ihn gar poststrukturalistisch dekonstruiert. Er existiert unabhängig von dem Bewusstsein, das er zugleich bestimmt, weil er der gesellschaftlichen Praxis entspringt.

Für Marx gibt es keinen Zweifel, dass sich der gesamte Mystizismus auflösen werde, sobald die Menschheit zu einer anderen Produktionsweise finde. Die Produzenten werden verfolgt von den Gespenstern ihrer eigenen Produktionsweise, wie das Subjekt den eigenen Wiederholungszwängen ausgesetzt ist, die aber dem Ich als fremde erscheinen. Während Freud den Fetischen des Subjekts folgt, blickt Marx auf die Objekte. Mit Marx und Freud wird das Denken radikal modern: Aufklärung ist nicht mehr nur Kritik des Bewusstseins, sondern die Kritik bewusstseinserzeugender gesellschaftlicher und individueller Praxis. Es geht nicht mehr nur um die Beanstandung falscher Vorstellungen, sondern um deren Verstricktheit mit Handlungen. Auch den Kunstwerken haftet etwas Fetischistisches an, sie können als eine bewusstseinserzeugende Praxis aufgefasst werden. Wie Marx den Fetisch in der Ökonomie oder auch Freud dem im psychischen Apparat nicht einfach mit einem Verweis auf dessen vermeintliche Irrationalität für erledigt hielten, lässt sich auch die Kunst nicht als von ihren metaphysischen Widersprüchen gereinigte haben. Das wäre eben kein modernes Verständnis der Kunst, sondern eines von pseudoaufgeklärten Barbaren. Man muss den verworrenen Wegen der Dinge selbst folgen, ihnen wohnt eine eigene Logik inne, für die der Positivismus blind ist. Die Kunst ist ein vertracktes Ding voller metaphysischer Spitzfindigkeiten. Ihr Gehalt wäre ebenso wenig durch eine physikalische Analyse feststellbar wie durch die Evolutionsbiologie. Denn eine Farb-, Ton-, Zeichen- oder Bewegungsfolge kann durch die darin ausgedrückte Erfahrung über sich selbst hinausweisen. Das sinnliche

Material erzeugt in seiner Anordnung selbst einen Überschuss, ein sinnlich-übersinnliches Moment. Am Kunstwerk erscheint etwas, das nicht es selbst ist. So führen auch die Kunstwerke durch die Selbsttranszendierung des Stofflichen etwas wie ein Eigenleben, ihnen eignet der Status eines Subjekts – im Sinne Hegels als in sich reflektiertes Sein. Im Gegensatz zum Fetischcharakter der Ware, die Herrschaft eines menschlichen Produkts über die Produzenten, ermöglichen Kunstwerke jedoch ein anderes Verhalten. Sie fesseln nicht an bestehende Praxis, sondern lösen den Zwang. Als ein Gegenfetisch stehen sie für die Entzauberung der Warenwelt. Dies ist die defetischisierende Mission der Kunst, von der Georg Lukács sprach.[21]

Die Kunstwerke stehen mit ihrer Eigengesetzlichkeit, ihrer Autonomie gegen die vom Marktgeschehen gespiegelte Logik der Austauschbarkeit. Dienen sie aber ausschließlich dem Zweck der Verwertung, zerfällt ihre innere Gestalt. Aus Kunst wird Reklame, schlussfolgerten Adorno und Horkheimer, nicht Werbung für ein Produkt, sondern für die Verhältnisse selbst. Der Erfolg der Kulturindustrie wird dadurch bedingt, dass sie nicht auf der Ebene des Inhalts, sondern auf der Ebene der Form eingreift. Gegen die Macht der Kulturindustrie hilft keine Flucht in die vermeintliche Unberührtheit der Kunst oder aus ihrer kraftlosen Schönheit in die harte Wirklichkeit, sondern nur eine bewusste ästhetische und politische Gegenbewegung.

Anfang des 21. Jahrhunderts dürfte deutlich geworden sein, dass auch der Ausweg der Subkultur – selbst eine nachträgliche Reaktion auf das Verschwinden des Widerspruchs in der Kultur – verbaut ist. Die Subkultur ist zumindest in den kapitalistischen Zentren vollends integriert, ihre Symbole sind in die Zirkulation der Kulturindustrie eingespeist. Alles, was sich einst entzog, wurde in den Katalog der Lebensstile im Spätkapitalismus eingefügt und ist Teil der bunten, aber harmlosen Produktpalette, nicht mehr Absage an dieselbe. Das Theorem von der »Reproduktion des Immergleichen«[22] hat sich heute vollständig realisiert. Eine Retromode folgt der nächsten, Neuheit wird nur noch als Rekombination bekannter Elemente erfahren. Diese Abwesenheit von Zukunft und Vergangenheit, die immer wieder neu gesampelte Gegenwart, hat Mark Fisher in *Kapitalistischer Realismus ohne Alternative?* treffend analysiert.[23] Er sah in den fortgeschrittensten Produkten der Popkultur immerhin noch eine Melancholie über diesen Zustand ausgedrückt, Objektverlust als Sehnsucht nach substanzieller

Zukunft. Weil Kunstwerke in Massen für den für sie bestimmten Markt hergestellt werden, so bemerkt auch der Kunsthistoriker Wolfgang Ullrich, tritt die Situation ein, dass sie »keine Artefakte mehr sind, denen man grundsätzlich mehr oder anderes zutraut als anderen Dingen«[24] – also austauschbar, verkäuflich und käuflich zu sein. Das ist der Stand der Kulturindustrie heute: Nichts ist mehr verpönt, außer das wirkmächtigste soziale Tabu von allen: dass es etwas geben könnte, das in einem qualitativen Sinne *anders* ist. Die Kunst zerfällt und verschwindet zugleich nicht, erhält sich als tödliche am Leben, wie es Brook für das Theater feststellte.

Hier kann man eine »Entkunstung der Kunst«[25] beobachten, wie sie Adorno in der *Ästhetischen Theorie* als eine der Kulturindustrie korrespondierende Entwicklung ausmacht: ein Verlust an innerer Spannung. Während die Analyse der Kulturindustrie von der gesellschaftlichen Funktion der Kultur ausgeht, ist die These von der Entkunstung der Kunst ihr Gegenstück in Bezug auf die Werke selbst, auf deren Desorganisation. Entkunstung folgt der objektiven Tendenz und ist die Konsequenz einer sinnes- wie vernunftfeindlichen Gesellschaftsordnung, in der Kunst zu Verkaufs- und Dekorationszwecken nur noch mitgeschleppt wird. Dementsprechend wandeln sich auch die subjektiven Formen des Umgangs mit der Kunst. Dabeisein ersetzt ästhetische Erfahrung, Informiertheit und Kantinenklatsch treten an die Stelle eines begründeten Urteils, und das Programmheft reicht nach, was auf der Bühne wieder einmal nicht gelingen wollte. Sobald Kunstgenuss auf die Ebene einer beliebigen Freizeitbeschäftigung gerückt ist, weder besser noch schlechter als Radfahren oder Kartenspielen, verkehrt sich auch die Kritik an den heute altmodisch und albern anmutenden bürgerlichen Umgangsformen, beispielsweise in Bezug auf den Theaterbesuch. Verbarg das Bürgertum die Missachtung des Versprechens der Kunst hinter der schicken Garderobe und dem eitlen Geschwätz bei teuren Getränken, ist solche Maskerade inzwischen kaum noch nötig, wenn auch teils noch üblich. Als lächerlich betrachtet wird heute aber vor allem immer noch, wer von der Kunst eine Beziehung zur Wahrheit erwartet und einfordert. Das nämlich ist das spezifisch moderne Vermögen der eigengesetzlichen Kunst, befreit aus den sozialen Zwängen der Vorzeit. Doch um diese Qualität muss man sich immer wieder bemühen, sie ist der Menschheit nicht eines Tages in den Schoß gefallen und damit unverlierbar. Modernität ist eine qualitative, keine chronologische Kategorie. Sie bezeichnet eine Art, sich zur Welt zu verhalten. Doch im Zeitalter der Abgeklärtheit wirkt Aufklärung anachronistisch. Der Wandel des Habitus verschleiert, dass sich auch nach dem Ende der klassischen bürgerlichen Kultur an der Stellung zur Kunst kaum etwas geändert hat. Quasireligiöse Anbetung und zynische Abgebrühtheit meiden beide die Erfahrung des Gegenstands, indem sie ihn entweder als heilig oder inferior betrachten. Und beides bewahrt davor, der Kunst einen Platz der Wahrheit im eigenen Leben zuzugestehen und sich für die Erfahrung des Andersartigen offenzuhalten.

Aus dem zuvor Ausgeführten lässt sich schlussfolgern: Nach ihrem Sieg über die Gegen- und die Subkultur ist in der Kulturindustrie keinerlei Zugang in naiver Affirmation mehr möglich. Das betrifft die Kultur als solche. Auch von dem auf die Bühnen zurückgekehrten Sonntagspredigtton sollte man mitnichten die von ihm in Aussicht gestellte Erlösung von allen Problemen erwarten. Wie sollte das auch möglich sein? Die Kunst ist trotz immer öfter auftretender gegenteiliger Behauptungen nicht einfach ein Freiraum, auf den die Welt der Macht, der Geschäftsinteressen und der Ideologie keinen Einfluss hätte. Auch hat sie nicht die Kraft, diese Welt umstandslos zu ändern. Die organisierte Kultur ist nur ein Teil der Gesellschaft – und deren Mechanismen gilt es stets zu bedenken, um sich nicht dem berechtigten Vorwurf der Heuchelei, einer falschen Behauptung wider besseren Wissens, auszusetzen. Das betrifft zudem die Elemente der Kultur. Sie sind durch die Integration ins System der Kulturindustrie deformiert. Kein Stil, keine Gruppe, keine Identität und kein Milieu werden von der Kulturindustrie oder der Warenförmigkeit unbeschädigt gelassen. Auch lässt sich keine natürliche oder automatische Verknüpfung der Kunst mit dem Projekt einer universalen politischen Emanzipation behaupten. Nichts repräsentiert eine irgendwie naturwüchsige Kraft der befreienden Opposition, die es einfach nur zu adressieren gälte. Man muss sich von dem Gedanken verabschieden, dass man innerhalb des Bestehenden auf etwas schlechthin Unberührtes zeigen oder gar in dessen Namen sprechen könne. Befremdlich nimmt sich da jene gegenwärtige Tendenz aus, die wieder fein säuberlich in Kulturen im Plural sortiert, welche in ihrer Andersartigkeit getrennt voneinander zu behandeln seien. Der Mensch ist ein kulturelles Wesen, absurd aber ist, dies auf eine bestimmte historisch gewordene Kultur zu beziehen, die man besitzen könne oder nicht und die nie so

›rein‹ war, wie von den verschiedensten Weltanschauungen – ob im Namen der Herrschenden oder der Unterdrückten – behauptet wird. Die Rede von den Kulturen führt auch dahingehend in die Irre, da die eigentlich gewichtige Frage die nach dem Gebrauch ist, den wir gegenwärtig und künftig von einer unter den Maßstäben der Kulturindustrie schon längst globalisierten Kultur zu machen gedenken. Einen Weg zurück gibt es nicht. Die Immanenz der Kulturindustrie und die Warenform zwingen zu einem gänzlich unnaiven Verständnis unserer Lage. In dem Maße, wie die Warenform die Eigengesetzlichkeit der Kunst untergräbt, müssen sich alle Bemühungen auf die Sichtbarmachung des unsichtbar gemachten Widerspruchs richten. Dass allein die Widersprüche die Hoffnung sind, wie Brecht bemerkte, gilt heute mehr denn je. Es muss etwas zum Vorschein gebracht werden an der Objektivität selbst, woran sich die Universalität der Idee zeigen kann. Das aber kann weder außerhalb der Kulturindustrie geschehen noch durch eine bloß ironische Distanzierung innerhalb derselben, sondern nur in ihrer bestimmten Negation, in einer widerständigen Setzung.

Politische Kunst und ihre Widersprüche

Was ist das Widerständige der Kunst? Was ist ihre kritische Dimension, die eine politische Qualität für sich beanspruchen könnte? Man wird dieses Merkmal im Bereich der Form zu suchen haben. Kunst kann einerseits eine bestimmte Haltung zur Wirklichkeit einnehmen und andererseits diese mit den ihr eigenen Mitteln darstellen. Auf diese Weise wird die »soziale Kritik zur Form erhoben«,[26] wie es Adorno ausdrückt. In der Form objektiviert sich die Kritik und tritt aus dem Reich des bloßen Meinens über in das »Urteil in der Zone des Urteilslosen«.[27] Die Kritik, die Kunstwerke an der Gesellschaft üben, entspringt der Differenz, in die sie sich zu ihr setzen. Der Ort dieser Differenz ist die Form, die sich aus der Organisation des Inhalts ergibt. In ihr konzentriert sich das eigentlich Politische. Das bedeutet zugleich, dass es keine unpolitische Form gibt. Wenn Kunst sich nicht aus sich heraus zur widerständigen Form objektiviert, dann fügt sie sich bewusstlos in die herrschende Warenform. Nicht von ungefähr war und ist die Form der Kampfplatz der modernen Kunst. Besonders debattenstark kam dies 1968 zum Ausdruck, als die Fragen nach dem Politischen der Kunst in einer bis ins 21. Jahrhundert wirkenden Klarheit und Deutlichkeit diskutiert wurden. Die politische Radikalität zwang zur intellektuellen Reflexion und ermöglichte eine andere künstlerische Praxis. Zu dieser Zeit beschreiben Adorno in der *Ästhetischen Theorie* wie auch Brook in *Der leere Raum* zwei bedeutende formale Entwicklungen des Theaters, für die stellvertretend die Namen Bertolt Brecht und Samuel Beckett stehen. Gewöhnlich wird das Verhältnis beider mit dem Gegensatz zwischen politischem Engagement einerseits und Rückzug in die hermetische Form andererseits identifiziert. Doch ist diese Entgegensetzung nicht zutreffend. Sie unterschlägt, dass Brecht keinesfalls einfach Kunst durch Politik zu ersetzen beabsichtigte, sondern wesentliche politische Einsichten in ebenso wesentliche formale Neuerungen zu übersetzen vermochte. Sie unterschlägt außerdem, dass Becketts Reduktion der Form den Versuch darstellte, eine gesellschaftliche Erfahrung zu artikulieren. Das trennt ihn von einem bloß auf der Ebene von Sprachspielen operierenden absurden Theater; Becketts Form hat keinen zufälligen Inhalt. Adorno ist vor allem für seine Beckett-Lektüren bekannt, zugleich ist sein Werk von den Spuren Brechts durchzogen. In der *Ästhetischen Theorie* würdigt er, dass Brecht politische Einsichten in »szenische Gesten« zu übersetzen wusste und bei ihm das Politische selbst eine künstlerische Antriebskraft, gar ein mimetisches Element geworden sei.[28] Und noch in dem letzten Text Adornos, den kurz nach seinem Tod 1969 veröffentlichten »Marginalien zu Theorie und Praxis«, heißt es: »Brecht, der der damaligen Lage gemäß noch mit Politik zu tun hatte, nicht mit ihrem Surrogat, sagte einmal, dem Sinn nach, ihn interessiere, wenn er ganz ehrlich mit sich sei, *au fond* das Theater mehr als die Veränderung der Welt. Solches Bewußtsein wäre das beste Korrektiv eines Theaters, das heute mit der Realität sich verwechselt, so wie die *happenings*, welche die Aktionisten zuweilen inszenieren, ästhetischen Schein und Realität verfransen. Wer hinter Brechts freiwilligem und gewagtem Geständnis nicht zurückbleiben möchte, dem ist die meiste Praxis heute verdächtig als Mangel an Talent.«[29] Adorno überträgt seine Kritik der politischen Pseudoaktivität aufs Theater. Die Happenings bezahlen ihren vermeintlich politischen Charakter mit dem Verzicht auf den großen Entwurf der Veränderung der Welt, statt einer Verbindung zu radikaler Politik gibt es nur auf sich selbst bezogene Aktionen. Der rasende Stillstand führt zum tödlichen Theater.

Stillstand und Bewegungslosigkeit bilden das Thema der Werke Becketts. Er zeigt anhand der Negativität – an Figuren, die nicht mehr handeln, die bei lebendigem Leibe absterben, denen die Sprache und der Geist versagt, deren Bewegungsapparat eingeschränkt ist, und das alles vor einem in Schwarz- und Grautönen gehaltenen Hintergrund – einen darin nicht aufgehenden Rest, eine Lücke. Es gibt eine grobe Schönheit in Becketts Schreiben, die darauf verweist, dass in der Kunst der Schrecken nicht total ist – einen »Indifferenzpunkt«, so Adorno. Das Streben nach einer Identität in Anpassung ans Erstarrte und Tote scheitert und muss notwendig scheitern. »Das Begehren ist nicht totzukriegen« ist nach Alain Badiou das Zentrum von Becketts Kunst.[30] Beckett führt die Traditionen des komischen und des tragischen Theaters bis zum Stillstand, zur Parodie von beiden, zur Groteske. Das macht ihn zu einem großen, aber auch unwiederholbaren Theaterdichter. Denn Becketts ästhetisches Verfahren, Drama in durchgeführte Parodie zu verwandeln, hat sich weit schneller erschöpft als angenommen. Zwar war Proklamation von Sinn, gegen die Becketts Werke standen, nach

Auschwitz und zwei Weltkriegen noch verdächtiger als schon zuvor aufgrund von Ausbeutung und Kolonialismus. Doch ist es inzwischen nicht die explizite Sinnlosigkeit, die zur Legitimation des Bestehenden dient? Ist Beckett nicht vollends affirmativ geworden? Es kann nicht weitergehen, also muss es weitergehen – diese Grundfigur der Werke Becketts ist zwar noch immer das obszöne Geheimnis der kapitalistischen Ökonomie, doch wird es nicht mehr verborgen. Beckett funktioniert auch als Sitcom und sorgt für Lacher, aber keinesfalls mehr für Entsetzen.[31] Sein Weg von der Avantgarde zum Boulevard hatte Barthes schon am Beispiel von *Warten auf Godot* als eine Form von Komplizenschaft beschrieben. Ist die neoliberale Ideologie von heute nicht selbst eine Parodie von Ideologie? Sie verweist nicht mehr auf die Logik strenger Marktgesetze, an deren waltender Vernunft sich die Menschen orientieren müssten. Im Gegenteil wird die Unerkennbarkeit des Kapitalismus offen propagiert und wie ein völlig unberechenbarer Gott verherrlicht, dem man allein aufgrund seiner scheinbar unbegrenzten Macht ebenso unendliche Opfer bringen müsse. Die Ideologie des Neoliberalismus dürfte historisch die erste sein, welche die Irrationalität der kapitalistischen Ökonomie affirmiert und sich allein auf deren

Unausweichlichkeit und Alternativlosigkeit beruft. Als »Ordnung der Unwirklichkeit« (Gerhard Stapelfeldt) reißt der Neoliberalismus jedem Einspruch der Vernunft den Boden unter den Füßen weg – sie erfordert überhaupt nicht, dass man an sie glaubt, selbst der Unglaube im Modus der Ironie beeinträchtigt ihre Wirksamkeit nicht oder verstärkt sie gar. Diese Ordnung widerlegt ihre Kritiker nicht, sondern stiftet Verwirrung unter ihnen. Der »kapitalistische Surrealismus« (Markus Metz und Georg Seeßlen) ist der Niederschlag dieser Entwicklung in der Ästhetik. Schon der Anspruch, die Welt zu zeigen oder zu beschreiben, wird angesichts ihrer Irrationalität und Komplexität für unmöglich erklärt.

Läuft Becketts Verfahren angesichts dieser Umstände nicht ins Leere? Es steht zu vermuten, dass seine Werke die von allen unbewusst geteilte Meinung affirmieren, dass man die Welt weder begreifen noch in ihre Abläufe eingreifen vermag. Und teilen nicht sogar jene diese Meinung, die immerzu noch versichern, dass man doch immerhin im Kleinen etwas verändern könne? Diese Überlegungen drängen sich angesichts einer Entwicklung in der Dramatik auf, die sich als eine ›Beckettisierung‹ bezeichnen ließe: ohnmächtige, sprachunfähige, bewegungslose Wesen in einer un(er)fassbaren, chaotischen und übermächtigen Welt, aus der Verzweiflung, Trostlosigkeit und Melancholie folgen.[32] Teile der jungen Generation der Dramatik versinken in dieser Weltabgewandtheit, die immer öder wird, je öfter man sie vorgesetzt bekommt – ähnlich der an Elfriede Jelinek orientierten Mode der Textflächen- und Zitatcollagestücke. Auch die daraus folgenden Inszenierungen taugen mehr als Ausweis der Informiert- oder Gelehrtheit der Regie denn als lebendige künstlerische Auseinandersetzung mit der Wirklichkeit. Es sind Parodien dramatischer Handlung, ebenso wie die Wirklichkeit eine Parodie menschlichen Handelns ist. Doch Parodie und auch die Ironie sind ästhetische Verfahren, die zugleich selbstreferenziell den Sinn ihrer Mittel untergraben und schlussendlich zu keiner anderen Weltbeschreibung mehr gelangen. Es scheint, als könne es von Beckett aus nicht weitergehen. Es ist ein Nullpunkt. Um Becketts Wahrheit zu retten, muss man über ihn hinausgehen, einen anderen Gebrauch von ihr machen. Bleibt man bei ihm stehen, gerät die Inszenierung zur leeren Wiederholung. Es verhält sich hier ganz ähnlich wie in Hegels kritischer Begutachtung des Skeptizismus, der mit dem Nichts endige – also an der Stelle, an der die Philosophie im Grunde beginnt – und schlussendlich auf etwas Neues warte, dass er in »denselben leeren Abgrund«[33] werfen könne. Kein Wunder, dass der Kurzzeitintendant der Berliner Volksbühne Chris Dercon gerade Beckett besonders aktuell fand. Warum? »Weil er Sprache grundsätzlich denkt. Ein Beispiel: Ich sage Ihnen etwas, und Sie tweeten das, dann wird das wieder retweetet, und es sind immer wieder neue Versionen. Am Ende weiß man nicht mehr, ob man es mit Emotionen oder mit Fakten zu tun hat. Davon handelt auch Beckett.«[34] So klingt zwar wirklich die letzte Schwundstufe von Beckett, aber man kann nicht sagen, dass Dercon damit völlig unrecht hätte – die Parodie der Parodie ist die Parodie, von der man nicht mehr weiß, ob sie wirklich oder unwirklich ist. Diesen Unterschied zum Verschwinden zu bringen, ist die Realität des Neoliberalismus.

Auch Brecht ist dem Schicksal der Parodie einer Parodie nicht entkommen, wird er doch inzwischen vor allem als vermeintlicher Vordenker eines postdramatischen, interkulturellen, intervenierenden oder interaktiven Theaters bemüht. Nicht dass das vollkommen abwegig wäre, aber es lässt die entscheidende Einsicht Brechts dennoch aus. Es gibt mehrere Wege, an Vergangenes anzuknüpfen. Die Verdinglichung einzelner Elemente führt zu einer toten Traditionsbildung. Lebendig wäre eine solche nur in der Verbindung zu der einmal konkretisierten Wahrheit, die selbst einen Zeitkern hat. Die Treue zu ihr erfordert, sich gegen ihre beschneidende Anpassung an die herrschende Ordnung zu sträuben. So wird die Wahrheit Brechts verdrängt, aber nicht nur im Sinne eines Verschweigens oder Unterdrückens, sondern in einer bestimmten Art des Erscheinens. Die Verdrängung offenbart nach Reimut Reiche »eine überraschende Identität des *Wovon* abgelenkt wird und des *Womit* abgelenkt wird«[35] – Brecht wird mit Brecht verdrängt. Dabei herrscht jedoch Blindheit gegenüber Brechts Methode, die sich eben nicht in einem Stil erschöpfte. Die Mittel seines Theaters waren an den Erfahrungen der Moderne gewonnen, aus der Selbstentfremdung des Menschen in der kapitalistischen Ökonomie. Zugleich hat er die traditionellen Mittel des Theaters nicht verworfen, sondern für neue Zwecke benutzt. Wolfram Ette hat in seiner *Kritik der Tragödie* auf den interessanten Punkt aufmerksam gemacht, dass Brecht gewissermaßen gegen sein eigenes Selbstverständnis als antimetaphysischer Neuerer des Theaters im Grunde das Programm einer Wiedergewinnung des ursprünglichen Sinns der Tragödie betrieben habe. Brechts Revolution des Theaters war eine Restitution seines Sinns.

Brecht zeichnet aus, dass er in der Lage war, politische Impulse in künstlerische Formen zu übertragen und für die Dialektik des Sozialen eine Entsprechung in der Dialektik des Theaters zu finden. So ist die Verfremdung nach Brook die »rein theatralische Methode des dialektischen Austausches«.[36] Doch gerade davon ist heute keine Spur mehr. Bernd Stegemann hat in seiner *Kritik des Theaters* die derzeit vorherrschende bloß technische, also formalistische Verwendung des von Brecht entwickelten Verfremdungseffekts treffend kritisiert und deren Zusammenwirken mit der Herrschaft des neoliberalen Kapitalismus dargestellt.[37] Gerade der auf die Gesellschaft in ihrer Gesamtheit zielende Impuls, der soziale Gestus von Brecht, ist abwesend, während nur noch seine technischen Neuerungen adaptiert werden. Wie dürftig das ist, zeigt sich allerdings, wenn das bloße Aus-der-Rolle-Fallen der Schauspieler, das paradoxe, aber nicht dialektische Wechselspiel, als eine von Brecht begründete Technik angepriesen wird. Brecht betonte ausdrücklich, dass man »auch den Akt des Zeigens zu einem künstlerischen machen«[38] muss. Seine Schauspielmethode fordert nicht, aus der Kunst herauszuspringen, sondern eine Kunstebene hinzuzufügen, um andere Ebenen der Wirklichkeit sichtbar werden zu lassen. So muss die Rolle vor allem ihre Stellung zu dem Ganzen des Stückes artikulieren, worin auch das in der Rolle nicht Aufgehende erscheint. Dies bewusst zu machen, kann wiederum zu einem künstlerischen Element werden. Walter Benjamin sagte, dass man unrecht habe, wenn man sich bei Brechts Verfremdung an die romantische Ironie erinnert fühle, diese habe nämlich »kein Lehrziel«,[39] sei bloß ein leerer Effekt. Der Unterschied ist dort zu sehen, wo mittels der Technik etwas Gesellschaftliches gezeigt wird im Gegensatz zu einer nur auf sich selbst bezogenen, fetischisierten Anwendung der Mittel. So zielt auch Brook auf ebenjene Unterscheidung, wenn er schreibt: »Der Verfremdungseffekt und der Happeningeffekt sind einander sehr ähnlich und doch entgegengesetzt – der Happeningschock soll durch alle von der Vernunft gesetzten Schranken hindurchbrechen, die Verfremdung soll durch ihren Schock unsere beste Vernunft ins Spiel bringen.«[40] Was heute im Anschluss an Brecht kursiert, ist vor allem der Happeningeffekt. Was wir bräuchten, wäre aber die zweite von Brook genannte Option. Eine Aufforderung zur Rückkehr zu Brecht ist daher keine zur musealen Verehrung. Es geht um das, wofür der Name Brecht steht, um eine Dramaturgie, in den Worten Barthes', »die politisches Denken und ›semantisches‹ Denken verbindet«.[41] Barthes hat das als »Erleuchtung« und »Theaterrevolution« empfunden, der er die Treue hielt bis hin zu der Aussage, das Theater immer sehr geliebt zu haben und dennoch fast nie mehr hinzugehen. Eine Rückkehr zu Brecht wäre die Wiederaufnahme des Versuchs, in der Form die Kritik des Sozialen zu artikulieren. Sie wäre zugleich der Versuch, das Theater des Geldes durch das Theater der Polis zu ersetzen, wie Barthes schreibt. Wagnis und Kühnheit sowie Prägnanz und Überlegtheit in der künstlerischen Form dürften für dieses Vorhaben unerlässlich sein.

Das moderne Theater steht zwischen Becketts Indifferenzpunkt und Brechts künstlerischer Verdoppelung als den zwei Großentwürfen, soziale Kritik zur Form zu erheben. Beide reagieren darauf, woran auch heute kein ernst zu nehmender künstlerischer Entwurf vorbeikommt: dass die Menschen bei Strafe des Untergangs als in Konkurrenz zueinander stehende Marktsubjekte zur Anpassung und Selbstoptimierung gezwungen sind, dass sie allesamt Objekte einer übermächtigen Ökonomie sind, die zugleich zur Konzentration von Reichtum und Macht bei einer kleinen Gruppe führt. Alles, was nur darauf zielt, diese Wirklichkeit zu akzeptieren, sei es auch unter neuen

Gesichtspunkten, kann politische Ideologie genannt werden. Sie will nur die Anschauung verändern, um somit zur Akzeptanz und Übereinstimmung mit der Wirklichkeit zu gelangen. Doch es geht nicht darum, etwas zu finden, das uns – möglicherweise gar auf kritische Weise – mit der Wirklichkeit versöhnt. Kritik kann weder Heilung noch Wiedergutmachung von Unrecht bewirken, sie ist eine Vergegenwärtigung des Wirklichen und Aufruf zu dessen Veränderung in einem, sie versöhnt nicht, zielt aber auf Versöhnung. Sie protestiert gegen die falsche Harmonie beispielsweise der Kulturindustrie. Sie zeigt die verborgenen Zusammenhänge entgegengesetzter Phänomene. So bringt jede scheinbare Einheit ihre eigene Abspaltung hervor, sie gehören zusammen wie Verdrängung und Symptom. »Der Fundamentalismus ist ein Symptom des Liberalismus, Antigone ist ein Symptom Kreons«,[42] so Žižek. Psychoanalyse und Marxismus verweisen auf etwas Ähnliches. Was dem Ich in Form einer Neurose als fremder Zwang gegenübertritt, ist der verleugnete Trieb, dem Befriedigung verschafft wird. In der psychoanalytischen Praxis wird das vermeintlich Ichfremde als Wiederkehr der Konflikte des Subjekts erfahren. Ähnliches vollzieht sich im Zuge der Kritik der bürgerlichen Gesellschaft: Sie behauptet nicht, dass in ihr die politischen Freiheiten nicht realisiert seien. Sie sind es ja sogar, wie Marx immer wieder betont. Und doch bringen sie ihr Gegenteil hervor. Diese Selbstnegation bildet die wahre Bedrohung der Freiheit, als Verdrängter wohnt der soziale Antagonismus noch jeder konformistischen Revolte inne. Alle reaktionäre Politik ist davon besessen, eine Einheit herzustellen, die den Antagonismus leugnet. Solche Politik ist unwahr, ihr Wesen die Verleugnung und in der Folge permanente Gewalt zur Erhaltung dieser Unwahrheit. Jede radikale Politik hingegen erkennt in dem Antagonismus ihre Aufgabe: die einer wahren Trennung oder trennenden Wahrheit, einer Negation der Negation, die allein die Voraussetzung einer realen Versöhnung in der Gesellschaft der freien Gleichen sein kann.

Wenn wir von Politik in einem tieferen Sinne sprechen, so ist damit mehr gemeint als Repräsentation, bloße Teilnahme oder punktuell eingeforderte Bestätigung. Die meisten Menschen ahnen oder wissen, dass die bestehenden Formen der Politik sehr weit von der freien Gestaltung einer gemeinsamen Lebenswelt entfernt sind. Im Ausdruck der Wahrheit über die Unwahrheit der Gesellschaft berühren sich die ansonsten voneinander getrennten Sphären von Kunst und Politik. Nicht der kleinste gemeinsame Nenner verbindet sie, sondern das Infragestellen der sozialen Welt, welche als veränderbare erinnert wird. So macht eine eingeblendete Arbeitslosenstatistik oder ein ›echter Arbeitsloser‹ auf der Bühne noch keinen politischen Theaterabend. Entscheidend ist, ob ein künstlerischer Ausdruck gefunden wird, der die Überflüssigkeit, welche die massenhafte strukturelle Arbeitslosigkeit bedeutet, erfahren lässt – nicht als Zahl, nicht als authentisches Einzelereignis, sondern als soziale Katastrophe. Christoph Marthalers verlassene Welten, bevölkert von vereinsamten Menschen, deren Lieder im Nirgendwo verstummen, artikulieren diese Erfahrung weitaus radikaler als jeder gut gemeinte Einsatz eindeutiger didaktischer Mittel, die zudem nur auf die Aufnahme von abstrakten Informationen oder simplen Emotionen, nicht aber auf eine erweiterte sinnliche und geistige Rezeptivität zielen. Eine Zahl bringt nur ein quantitatives Verhältnis und eine Einzelperson nur einen isolierten Tatbestand zum Ausdruck, uns soll es aber um das Wesentliche gehen. Eine politische Fassade bürgt nicht für politische Kunst – oder hintertreibt die eigenen Intentionen. Alexander García Düttmann zeigt in seinem Text »Die teilnahmslose Kunst« – der eine ausgesprochen vergnügliche wie treffende Beschreibung der Teilnahme an einem Abend von Rimini Protokoll enthält (»eine ziemlich humorlose, psychotechnologisch aufgepäppelte und doch altmodische Abendunterhaltung für eine infantilisierte Gesellschaft mit netten und arglosen Mitgliedern«[43]) –, wie das eigentümliche Oszillieren zwischen Kunst und Politik zu ihrer wechselseitigen Bedeutungslosigkeit führt. Das erschöpft sich in einem »Taschenspielertrick«, der darin besteht, »daß man in dem Augenblick, in dem man nach der Kunst fragt, auf die Politik verwiesen, und in dem Augenblick, in dem man nach der Politik fragt, wiederum auf die Kunst verwiesen wird«.[44] Man muss sich das vorstellen wie ein Kippbild, das sich permanent entzieht und somit jeden Inhalt neutralisiert. Die einzige Bewegung ist das Kippen selbst, das als Selbstreflexion angepriesen wird. Doch ist diese Reflexion eigentümlich leer. Vorgeführt wird allein das Paradox, dass Kunst nicht Politik und Politik nicht Kunst ist, womit zugleich der Frage ausgewichen wird, was denn eigentlich politisch wäre an der Kunst. Statt von Politik und der Teilnahme der Kunst an dieser muss man in diesem Fall von politischer Ideologie sprechen. Nach Düttmann erfüllt der paradoxe Charakter der Reflexion eine grundsätzlich bestätigende Funktion. Der bloße Vollzug affirmiert die

Grenzen des Subjekts, statt über diese hinauszugehen. Es führt kein Weg zum eingreifenden Denken.

Auf ein weiteres Vexierbild politischer Ideologie macht Jacques Rancière aufmerksam, der von einem »Kippen der Ästhetik in die Ethik«[45] spricht, das die Trennung der Kunst vom Versprechen der Emanzipation zur Folge habe. Die jeweiligen Besonderheiten von Kunst, Politik und Moral würden in einer Einheit des Ununterschiedenen verschwimmen, Konsens an die Stelle von Dissens treten. Nach Rancière ist das eine Parallele zur ideologischen Ersetzung politischer durch ethische Gemeinschaften. Statt von Interessen zu sprechen, werden Werte propagiert. Werte aber haben einen binären Code, man teilt sie oder nicht. Wertegemeinschaften kennen dementsprechend nur Einschluss und Ausschluss, nicht aber die Verhandlung widerstreitender Interessen oder den Streit der Argumente. Politik wie Ästhetik basieren hingegen auf der »Erfahrung des Dissenses«,[46] so Rancière in *Der emanzipierte Zuschauer*, seiner Auseinandersetzung mit dem Theater von und nach Brecht. Eine Verschmelzung von Ästhetischem und Ethischem wird weder dem einen noch dem anderen gerecht. Ethik fordert unmittelbares Handeln, wovon Kunst konstitutiv getrennt ist. Eine Einheit aus beiden führt zu ihrer gegenseitigen Neutralisierung und einer Ersatzhandlung im schlechtesten Sinne. Statt zu einer Ausweitung ethischen Verhaltens kommt es zu einer Überführung in das Reservat der Kunst, wo es in der Trennung von der Welt unberührt genossen werden kann. Eine solche ›ethische Wende‹ ist Teil der Ästhetisierung der Politik, die, statt aus der Ohnmacht herauszuführen, diese nur verfestigt. Das bleibt nicht ohne Folge für die Kunstwerke und deren Rezeption. Wird vorausgesetzt, dass Künstler »ein moralisch-politisches Anliegen haben und sich für eine Minderheit oder gegen den Kapitalismus engagieren, brauchen sie in ihrer Arbeit nicht einmal mehr eigens eine Form entwickeln, die ihre Haltung möglichst eindringlich sichtbar macht. Vielmehr genügt ein simples Dingsymbol als Wertbekenntnis«,[47] so Wolfgang Ullrich. Werden Kunstwerke allein als Bekenntnisträger erfahren, so reichen Signale aus, um über die Botschaft zu informieren. Das Werk wird nicht mehr entfaltet, Ambivalenzen gelten in einer solchen »Bekenntniskultur« ausschließlich als Störfaktoren. So verkümmert die Form und letztlich auch der Inhalt, denn eine zum Signal degradierte soziale Kritik kann unbekümmert und folgenlos im Modus von *like* und *dislike* konsumiert werden – wie auch die heutigen poli-

tischen Verhältnisse die Menschen aufs Wahl-
volk reduzieren, das gelegentlich Zustimmung
oder Ablehnung signalisieren soll, aber bitte
nicht mehr. Künstlerisches Engagement, das
nur auf Bekenntnisse zielt, verfehlt seinen
Zweck, schlimmer noch: Es verkehrt diesen in
sein Gegenteil. Es befördert eine unkritische
Haltung statt einer kritischen. Wie aber geschieht es, dass der Weg, der zu einer radikalen
Politik weisen soll, gerade in die entgegen-
gesetzte Richtung führt? In welchen Widersprüchen verfängt sich ein engagiertes Theater
gegenwärtig? Blicken wir zur Klärung dieser
Fragen auf einige der fortgeschrittensten Erscheinungen des politischen Theaters der Gegenwart und versuchen wir, diese grob zusam-
menzufassen (wobei selbstredend im Gegenzug
weder für öde Klassikeradaptionen plädiert,
noch ein kunstgewerbliches Theater in Schutz
genommen werden soll).

Dabei widmen wir uns zuerst der hier be-
helfsmäßig als *Theater der symbolischen Aktionen* bezeichneten Ausprägung. Dazu gehören
zum Beispiel Inszenierungen von Erstürmun-
gen repräsentativer Staatsgebäude, angedrohter
Menschenopfer zur Erfüllung von Forderun-
gen oder kollektiver Verwünschungen politischer Gegner. Zumeist reagieren diese Dar-
bietungen auf offensichtliche Missstände: den

ausschließenden Charakter westlicher Demo-
kratien, den Zynismus und die Barbarei der
europäischen Grenz- und Flüchtlingspolitik
oder den gesellschaftlichen Einfluss reaktio-
närer Politiker durch den Besitz von Medien.
Diese Missstände werden als empörende dargestellt, was sie zweifelsohne auch sind, und so
arbeiten auch die Aktionen mit dem Affekt der
Empörung, indem sie einen kalkulierten Regel-
bruch in Szene setzen. Die theatral inszenierte
und medial verstärkte Empörung soll dann zugunsten eines politischen Zwecks Wirksamkeit
entfalten. Doch sind die Mittel dazu überhaupt
in der Lage? Als Kunstmittel verbleiben sie im
Symbolischen, was für die verlautbarten Ziele
erklärtermaßen nicht der Fall sein soll; daher
werden die Affekte als Transmissionsriemen in
die Realität bemüht. Dabei bleibt zum einen
der Zweck äußerlich, also austauschbar innerhalb einer auf mediale Aufmerksamkeit zielen-
den Inszenierung. Zum anderen nutzt sich der
Affekt selbst ab, wird zur wiederholten Masche.
Das weckt Zweifel sowohl an der Wirksamkeit
wie der Nachhaltigkeit der Methode. Schwerer
aber wiegt der Einwand, der den erzeugten
Affekt selbst betrifft: Empörung ist nämlich
zwecklos. Nicht zwecklos im Sinne von sinnlos,
sondern ohne Verbindung zu einem Zweck. Er
reagiert auf das, was eigentlich nicht sein soll,

doch bringt er aus sich heraus nichts hervor, proklamiert keinen anderen Zustand. Zwar wurde in den letzten Jahren verschiedentlich die gemeinschaftsbildende Funktion der Empörung beschrieben und auch beschworen, doch könnten die damit verfolgten politischen Ziele und entstandenen Gemeinschaften kaum unterschiedlicher sein. Denn der Affekt der Empörung trennt von der Einsicht in das zu Verändernde ebenso wie von der nötigen oder möglichen Veränderung. Er bleibt bei sich und bedient eine selbstgerechte Haltung, statt diese zu unterlaufen. Diese sich selbst verhindernde Struktur der realitätsgerechten Empörung charakterisiert das Theater der symbolischen Aktionen. Von der Kunst wird das Symbolische und von der Politik werden die Botschaften entliehen, um sie beide lose mittels des medial befeuerten affektiven Kitts zu verbinden. Das führt sowohl auf der Seite der Kunst als auch der Politik zu recht dürftigen Ergebnissen. Politisches Handeln im Rahmen der Kunst ist – auch wenn es nicht auf Empörung spekuliert – notwendig beschränkt, in dessen Simulation steckt entweder die Anmaßung des Künstlers als Weltenlenker oder Demokratieretter oder ein Rückzug auf Ersatzhandlungen, die in die Sackgasse eines nur aus Gründen der eigenen Beschwichtigung aufgeführten Polittheaters führen. Indem es so in jeder Hinsicht unter dem Niveau seines Gegenstandes bleibt, ist dieses Theater geradezu die Parodie dessen, was sowohl künstlerisch als auch politisch nötig wäre. Es soll nicht mehr sein als Auslöser kalkulierter Entrüstung und Träger austauschbarer Botschaften, das Politische wird damit zur Simulation und zum Medienereignis reduziert.

Ein zweiter Aspekt lässt sich als *Theater der Politik der ersten Person* bezeichnen, ein Theater der Arbeit am Selbst. Menschen leiden in und an der Gesellschaft, weil sie das Objekt von Politik und Ökonomie sind statt deren Subjekt. Die Hinwendung zum Biografischen reagiert auf die Erfahrung, dass die Beschreibung objektiver Gesetzmäßigkeiten die subjektive Ebene unberücksichtigt lässt. So finden sich auch im Theater immer häufiger Erzählungen, die aus dem Leben einzelner Menschen berichten. Das kann der Monolog einer alleinerziehenden Mutter sein, die von Hartz IV leben muss, sanktioniert wird und zur Tafel geht – also das volle Programm der Erniedrigung abbekommt, das der ›aktivierende Sozialstaat‹ für die Schwächeren dieser Gesellschaft bereithält. Oder aber auch die Erzählung von Demütigungen und Herabsetzungen, welche die Kinder von Einwanderern von der Schule bis in ihr Erwachsenenleben erleben. Das mag berührend, verstörend, witzig und erhellend sein – und warum sollten gute Geschichten nicht auf die Bühne gehören? Und ob eine Figur spricht oder ›Experten des Alltags‹, ist zunächst ohne Bedeutung. Daran schließt sich jedoch die Überlegung an, was diese Geschichten eigentlich über ihren manifesten Inhalt hinaus mitteilen. Folgt die Problematisierung im Rahmen des eigenen Ichs, der eigenen Geschichte und des eigenen Empfindens nicht gleichzeitig einem Muster, das momentan gesellschaftlich vorherrschend ist? Nach Eva Illouz gibt es ein kulturelles Modell, das mit der Problematisierung des Ichs zugleich das Ideal der Selbstverwirklichung verfestigt. Noch im scheinbar Intimsten und Persönlichsten sowie in der Klage des Subjekts wird die Unterwerfung des Individuums unter die Zwänge der Verwertung bestätigt. An dem dieser Dynamik zugrunde liegenden ›therapeutischen Narrativ‹ wirken laut Illouz zahlreiche Institutionen mit. Selbstverwirklichung und Selbsthilfe bringen notwendig auch das Leiden und das Erkranken daran hervor, die scheinbaren Gegensätze erweisen sich als Einheit. Die Verbreitung des ›therapeutischen Narrativs‹ ist von der Etablierung neoliberaler Selbstregierungstechniken nicht zu trennen. Zugleich setzt sich damit eine auf der ökonomischen

Kosten-Nutzen-Analyse basierende Haltung in allen Lebensbereichen durch. Das zielt vor allem auf die Produktion von emotionalem Kapital. Das Warenförmigwerden des Emotionalen wird durch den Zirkel von Selbsterkundung, Selbstproblematisierung, Zurschaustellung und in der Folge Selbsthilfe durch Offenheit, Transparenz und Akzeptanz bestimmt. Emotionales Kapital ist vor allem für die Mittelklassen im Netzwerkkapitalismus ein unabdingbares Mittel des Fortkommens. Autobiografische und performative Formen eignen sich besonders, die »therapeutische Biographie ist fast eine ideale Ware«,[48] wofür sie freilich aber öffentlich werden muss, sonst wäre sie eine Ware ohne Wert. Die »biographische Mode« (Leo Löwenthal) ist nicht nur auf das Theater beschränkt, sie zieht sich durch Literatur, Fernsehen, Presse und das bezeichnenderweise zu einem Zeitpunkt, an dem individuelle Selbstbestimmung für viele Menschen durch den Druck der ökonomischen Krise zur Farce geworden ist. Es ist paradox, aber noch die Klage über die Macht der Ökonomie über das eigene Leben führt zur weiteren Ausdehnung derselben. Dem Subjekt im Spätkapitalismus geht es wie dem Arbeiter in der Fabrik, durch dessen Arbeit das Kapital noch mächtiger wird, nur dass das ganze Leben dem Zwang zur Verwertung unterworfen und die gesamte Gesellschaft eine Fabrik geworden ist, die bis in die verwinkeltsten Orte des Seelischen reicht.

Zu dieser individuellen biografischen Affirmation tritt als dritte Tendenz eine Form, die die Lebensgeschichte politisch und kollektiv wendet und die Arbeit am Selbst zur *Auseinandersetzung mit der Identität einer Gruppe* weitertreibt. Nicht nur der Einzelne leidet, sondern Menschen können auch ähnliche Erfahrungen aufgrund bestimmter Gruppenzugehörigkeiten teilen. Die Entdeckung und Formulierung gemeinsamer Benachteiligung und Ungleichbehandlung kann ein bedeutender politischer Impuls sein. Das betrifft unterdrückte Minderheiten und Bevölkerungsgruppen, deren gesellschaftlicher Einfluss beschränkt wird oder denen nur bestimmte Rollen zugestanden werden. Im Theater können diese Erfahrungen öffentlich zum Ausdruck gebracht und auch Gegenentwürfe formuliert werden. Von der Öffentlichkeit weithin ignorierte Sinti und Roma stellen ihre Lage in einem Stück dar, oder jüdische Israelis und muslimische Araber zeichnen anhand ihrer Geschichten den Nahostkonflikt nach. Die Bühne wird als unmittelbar politischer Raum begriffen, in dem beispielsweise der Auftritt sich selbst ermächtigender Marginalisierter als Ereignis zur Inszenierung kommt. Kriterium dieses politischen Theaters ist vor allem die Sichtbarkeit, auch verstanden als nicht-repräsentierte Präsenz. Das Gebot der Sichtbarkeit ist zugleich verbunden mit einem Einspruch gegen Vorstellungen, Zuweisungen und Erwartungen, die Mehrheitsmeinungen entsprechen. So wird ein Ideal des Nichtnormierten und Subversiven beschworen, das als identitäre Selbstbehauptung und Selbstermächtigung auf die Bühne gelangen soll. Dabei wiederholt diese Form des politischen Theaters in umgekehrter Art und Weise, was dem geschmähten Repräsentationstheater vorgeworfen wird, nämlich ausschließlich bestimmte Identitäten zu präsentieren. Das Politische tritt hier ausschließlich anhand der Frage der Identität auf. Das ist nicht abwegig, hat es doch einen Grund in den realen, gemeinsamen Erfahrungen, deren Wichtigkeit keineswegs bestritten werden soll. Doch geraten dabei andere politische Beziehungsweisen aus dem Blick, werden andere Formen der Organisation und gemeinsamen Verständigung ausgespart. Das Dilemma dieses Theaters besteht darin, dass es das, was es als Unterdrückung beschreibt, zugleich nicht verlassen kann und gewissermaßen in ihrer Logik gefangen bleibt. Als Ausweg aus der Unterjochung durch die Identität wird wiederum nur Identität angeboten, das Drama auf der Bühne findet so lediglich im Wechselspiel zwischen Fremd- und Selbstzuschreibung statt. So ist am Ende jede und jeder oder eben jede Gruppe für die eigene Identität selbst verantwortlich. Dass auch etwas wie gemeinsame Interessen oder universale Emanzipation vorstellbar wären, hat in dieser Logik keinen Platz. Genau dieses Ausgesparte aber würde wirklich das Prinzip der Gesellschaft unterlaufen, in dem konkurrierende Identitäten in einem erbitterten Kampf um reales, im Theater aber vor allem symbolisches Kapital stehen. Der herrschenden Klasse und seinem vornehmlich weißen, männlichen und heterosexuellen Personal die Mittel der ökonomischen, politischen und polizeilich-militärischen Macht nachhaltig zu entreißen, kann sehr viele gute Gründe für sich beanspruchen, zweifelhaft aber ist, ob dieses Ziel durch ein Theater befördert wird, das letztlich doch nur zögerlich wie selbstvergewissernd im Bannkreis der Identitäten verharrt. Auch dieser Fall gleicht der von Illouz beschriebenen Dynamik des therapeutischen Narrativs, die umso stärker an sich kettet, je mehr man sie nur beklagt.

Ein vierter Aspekt prägt ein politisches Theater, das *traumatische Situationen wiederholt*. Im Zentrum steht die Wiederholung von Unwiederholbarem, eines Gewaltverbrechens, einer Bürgerkriegssituation oder eines Genozids. Im Wiederholen und theatralen Durcharbeiten kann die Gewalt von einem schlicht unverständlichen Ereignis zu einem verstehbaren werden, der Schrecken wird durch die Aufführung gemildert und ein Zugang ermöglicht. Um aber das Geschehen nicht zu verharmlosen, muss auch ein Moment des Schockhaften wiederholt werden. Gerade hier kann das Theater seine wirksamsten Mittel einsetzen. Die überzeugende Täuschung bleibt selbst dann nicht aus, wenn die Wirkungsweise der Mittel zuvor fürs Publikum offengelegt wurde. So kann beispielsweise einführend gezeigt werden, wie sich Schauspieler gegenseitig so schlagen, dass es täuschend echt wirkt. So wirkt, stellt sich auch das dazugehörige Gefühl ein. Der sinnliche Eindruck triumphiert über den Verstand, der Schock bricht trotz des Wissens um die Gespieltheit des Geschehens durch, und die perfekte Simulation der Brutalität gelingt. Diese Art der Wiederholung, des Reenactments, kann verschiedene Wirkungen zeitigen. Die Offenheit bezüglich der eingesetzten Mittel hat zunächst etwas Didaktisch-Aufklärerisches: Man demonstriert die Herstellung der Illusion. Alles ist nur Spiel. Aber was ist der Inhalt der Illusion? Die Wiederholung einer schockierenden Gewalttat auf der Bühne löst entsprechende Reaktionen aus. Das Wissen um die Inszeniertheit wird mittels der durch den Anblick ausgelösten Affekte außer Kraft gesetzt. Abscheu und Begehren, als zwei starke Gefühlsregungen, eignen sich besonders, einen solchen Theatereffekt in Szene zu setzen, stürzen sie den Zuschauer doch in einen Zwiespalt, ähnlich wie bei einem sexuellen Angebot in einer Performance. Folgt man dem Wissen, das alles nur ein Spiel ist, boykottiert man gewissermaßen das Spiel, folgt man dem Gefühl, würde man möglicherweise die Grenzen des Spiels sprengen – und in beiden Fällen stände man wohl als Spielverderber dar, der es entweder zu ernst oder nicht ernst genug nimmt. Und freilich besteht der Trick genau in dem Offenhalten dieser Ambivalenz. Dieses in seinen Mitteln außerordentlich virtuos agierende Spiel kalkuliert auf diesen Effekt beim Zuschauer, diesen Schock, der aus zwei gleichzeitig bestehenden, nicht auflösbaren Anforderungen besteht. Anders gesagt: Dem Gefühl folgend, müsste man wohl den auf der Bühne Zuschlagenden zu Boden bringen, das Wissen hält diesen Impuls jedoch zurück, und der Widerstreit von beidem führt zu großer Anspannung. Aber was für eine Art Anspannung ist das? Es ist nicht auszuschließen, dass sich dabei bei aller kritischen Intention eine Einübung in einen voyeuristischen Sadismus vollzieht, der Unbehagen mit Genuss mischt. Die Wiederholung demonstriert uns zwar die Gespaltenheit des Subjekts zwischen Verstand und Gefühl, ähnlich der Konzeption des Erhabenen bei Kant, ein gemischtes Gefühl, ein Standhalten angesichts des Unaushaltbaren. Das Dargestellte jedoch bleibt leer – bis auf den Schock, den es auslöst. Es bleibt ein unverstandenes Mysterium, das sich jeder Frage nach dem Sinn entzieht. So zeigt die Wiederholung vor allem eines: die Undarstellbarkeit des Erlebten. Es mystifiziert den Gegenstand als eine unendliche Größe, vor dem das Subjekt in einen Bann verfällt. Ein negativ Erhabenes, aber anders als bei Kant wird das Subjekt hier nicht der Unendlichkeit der Vernunft, sondern der Unendlichkeit der Gewalt und der Katastrophe einsichtig, die damit aber zugleich verabsolutiert wird – eine Einübung in den Zynismus als grenzwertiges Theaterereignis. Rancière hat eine solche Fixierung auf das Desaster einmal anhand der von Jean-François Lyotard betriebenen Umkehrung von Kants und Adornos Begriff des Erhabenen beschrieben. Nach Rancière geht damit einher, »den künstlerischen Modernismus von der politischen Emanzipation zu trennen«.[49] Die Frage ist, ob in der Wiederholung der Gewalt diese nicht auch Bestätigung findet und damit ihre Unausweichlichkeit bekräftigt wird; und die Wirkung beim Zuschauer nicht vor allem die Unterwerfung des Subjekts akzentuiert, indem es sich zwar als gespalten erlebt, aber nur in Bezug auf das Unglück, nicht aber auf die Befreiung davon.

Allein diese vier Dimensionen zeigen, in welch unterschiedliche Widersprüche sich das politisches Theater verwickeln kann und inwieweit es noch dort, wo es das Gegenteil zu tun meint, die Imperative und Zwänge des Bestehenden unbewusst wiederholt. Zuerst in einer Weise, auf die wohl am ehesten die Kritik einer bloßen Tendenzkunst zutrifft, die künstlerische Mittel für außerkünstlerische Zwecke verwendet – wie in der Werbung, nur mit geringfügig modifizierter Botschaft. Am deutlichsten tritt hier auch hervor, wie die Kunst an die Erwartungen medialer Aufmerksamkeit angepasst wird. Empörung ersetzt Ambivalenzen, ein Wiederaufführungswert ist nicht zu erkennen, der Einfall erschöpft sich in dem Moment, in dem er zur Aufführung kommt. Ästhetisch und intellektuell ist das leichte Kost, weil vorgekaut. Der zweite Fall ist komplexer. Es handelt sich beim autobiografischen Sprechen nicht um eine eingreifende Form, sondern eine reflexive. Doch zumeist erschöpft

sich die biografische Mode bei aller Einfühl-
samkeit dem Individuellen gegenüber in einer
stereotypen Form der Auskunft, die an Selbst-
hilfegruppen, Talkshows und Freikirchen erinnert. Das ideologische Moment liegt hier in
der Verknüpfung einer bestimmten Art der
Rede mit dem Imperativ der Selbsterfahrung
durch Selbstobjektivierung. Das entspricht der
neoliberalen Ideologie, die Selbstverwirklichung und Verwertungszwang bis zur Ununterscheidbarkeit amalgamiert. Auftretende
Probleme und Konflikte verbleiben im Muster
individueller Identität. Sie zielen auf Anerkennung, blind für das Verhängnis, dass ihr Leiden demselben Grund entspringt wie die vermeintliche Lösung. Bei dem dritten Fall finden
wir die Frage der Anerkennung ins Politische
gewendet, aber mit durchaus ähnlichen Problemen versehen. Das Politische ist ambivalent:
Was zur Sprache gebracht wird, bleibt gefangen
im Schema der Identitäten, kann aber nicht deren sozialen Zusammenhang erhellen. Je mehr
dieser aber im Dunkeln bleibt, desto weniger
wird eine umfassende Lösung für gesellschaftliche Probleme überhaupt denkbar. Anerkennung erscheint zumeist allein auf die Frage individueller oder kollektiver Identität bezogen.
Diese Verknüpfung verhindert in ihrer Beschränktheit eine radikale Vorstellung poli-

tischer Emanzipation des Einzelnen und der Gesellschaft. Dagegen wäre an Mark Fishers Einsicht festzuhalten, dass es keine Identitäten gibt, nur Begehren, Interessen und Identifikationen. Dass Gesellschaft letztlich etwas Undarstellbares, Unerkennbares, Katastrophisches ist, liegt dem vierten Fall zugrunde. Demonstriert wird das im Modus der Wiederholung, bei dem zweifelhaft bleibt, ob er den Schleier des Verhängnisses wirklich durchreißt oder eher an dessen Fortbestehen mitwirkt. Die Zuschauer bleiben in dieser Ambivalenz gefangen. An dieser Stelle lässt sich schlussfolgern, dass Formbewusstsein für ein Theater mit politischem Anspruch unerlässlich ist. Denn in der Kunst hängt alles daran, ob der politische Impuls sich in der Form objektivieren kann. Wenn das politische Theater heute an etwas krankt, dann sicher auch an der paradoxen Fixierung auf die schlechten Verhältnisse. Doch es gilt nicht nur, deren Macht zu beklagen oder ihren Einfluss auf unser Leben sichtbar zu machen, es kommt auch darauf an, sie als überflüssig darzulegen, eine andere Praxis zu propagieren und begehrenswert zu machen. Erst in der Überwindung der nur spiegelbildlichen Fixierung auf die schlechten Verhältnisse lässt sich der zynische Mechanismus unterlaufen, der affektiv an das bindet, was zugleich verachtet wird, der triumphierende Gestus, mit dem beispielsweise das Wirken eines unterdrückenden Ismus nach dem anderen aufgezeigt wird, ohne das Begehren nach einem anderen Leben zu wecken. So wie die Philosophie ein aufgeklärtes Verhältnis zu dem eigenen Wissen einzunehmen hat, muss die Kunst darüber hinaus auf ein ebenso aufgeklärtes Verhältnis zum eigenen Begehren zielen. Das Politische an der Kunst kann auf keine Kritik herauslaufen, die sich wie hypnotisch an die Macht heftet. Vor allem nicht, wenn diese Kritik konsumiert wird, Teil unseres Genießens, aber nicht Teil unseres Handelns ist. Das wäre nur ein mit ironischen oder rechthaberischen Gesten behangener Zynismus. Das Allerschwerste in einer blöden Zeit ist, so Ronald M. Schernikau, »auf eine dummheit nicht mit einer dummheit zu antworten.«[50] Und dieses Allerschwerste ist für die Kunst das Notwendige. Sie kann unser gesamtes Weltverhältnis infrage stellen – und zugleich ein anderes und besseres vorschlagen. Gelingen kann das durch die Form, mit der sich das Politische eng verbunden zeigt. Die Idee des Theaters, um deren Erneuerung es gehen soll, speist sich aus dem Surplus der Form.

Wiederverzauberung oder
Entzauberung der Welt

Das Vermögen der Kunst, über das Bestehende
hinauszuweisen, drückt sich im Theater in der
Möglichkeit aus, Nichtseiendes spielerisch zu
vergegenwärtigen. Die Schauspieler zeigen
etwas, das sie weder sind noch realiter tun. Das
lässt sich von zwei Seiten begreifen: von der
Seite der Darstellenden und von der des Dargestellten. An diesem Verhältnis hat sich im
Theater eine der prägenden Debatten der vergangenen Jahrzehnte entzündet, gleichzeitig
war es Kraftquelle einer seiner entscheidenden
formalen Entwicklungen. Damit korrespondiert, was inzwischen als performative Wende
in den darstellenden Künsten bezeichnet werden kann. Die Schlagworte vom »postdramatischen Theater« (Hans-Thies Lehmann) und
der »Ästhetik des Performativen« (Erika Fischer-Lichte) sind allgegenwärtig. Zwei Punkte
sind an ihnen besonders interessant: das Verhältnis zur Wirklichkeit und die Frage des

Spiels. Die sollen kurz untersucht werden, um in der Folge an einem prominenten Beispiel zu zeigen, dass die performative Wende selbst in einen neuen Mythos umschlagen kann.

Zunächst verdeutlichte die Hinwendung zum Performativen, dass es kein natürliches Band der Repräsentation des Wirklichen in den Künsten der Moderne gibt. Gegen diesen Fehlschluss, der in der Wiedergabe der Oberfläche das Wesen zu erfassen meint, rebelliert die Performance wie einst der Expressionismus gegen den Naturalismus. Doch folgt aus der Ablehnung der vermeintlich natürlichen Ordnung der Repräsentation nicht die Unmöglichkeit jeder Repräsentation der Wirklichkeit – und auch nicht, dass jede nur oberflächlich antinaturalistische Darstellung ein privilegiertes Verhältnis zur Wirklichkeit hätte. Allerdings wird als Schlussfolgerung nun meist behauptet, dass es keine Darstellung der Wirklichkeit geben könne, nur das Erzeugen derselben durch das Subjekt. So wird das Problem aber nur ins Subjektive verlagert. Dem bewussten Zugriff entzogen, waltet die Wirklichkeit nämlich weiter nach ihren unsichtbaren Gesetzen, die sich auch dann als wirksam erweisen, wenn man sich ihnen durch einen Perspektivenwechsel entronnen meint. Bloße Abkehr ist keine Alternative.

Dies wiederholt sich auf der Ebene des Spiels. Die Performance wird im Theater und in den Theaterwissenschaften inzwischen als Gegensatz zum Rollenspiel begriffen. Das Performative bezeichnete dabei einstweilen die wirklichkeitskonstituierende Funktion der Sprache im Gegensatz zu ihrem feststellenden, bezeichnenden Modus. In der Folge wurden wirklichkeitserzeugende Handlungen als performativ bezeichnet, eine Performance soll also eine solche wirklichkeitserzeugende Aufführung sein. Performances zeichnen sich demnach dadurch aus, originär zu produzieren, statt nur zu reproduzieren. Das in den Gegensatz zum Rollenspiel zu bringen, mag zunächst irritierend wirken, hat doch jede Form des Schauspiels notwendig performative Anteile. Jeder Mensch, der Hamlet spielt, erzeugt diese Figur auch – in Bezug auf den Text, die Stellung zu den anderen Figuren und die Gesamtheit der Handlung, ganz zu schweigen von der Beziehung zum Publikum und seiner Zeit. Und auch ist die Figur Hamlet undenkbar ohne die Menge ihrer Reproduktionen und Interpretationen, die etwas konturieren, das wir nur schwerlich einfach als Original bezeichnen könnten. Doch drückt sich in der Entgegensetzung von Rolle und Performance auch eine soziale Erfahrung aus, die es zu entschlüsseln gilt. Woher kommt also das

Unbehagen in der Rolle, das die Performance als ihr vermeintliches Gegenteil so attraktiv erscheinen lässt? Die Gesellschaftstheorie und auch die Psychoanalyse haben sich mit dem Begriff der Rolle ausgiebig beschäftigt. Erving Goffman hat beschrieben, dass das Einnehmen von Rollen zu den Grundbedingungen des menschlichen Austauschs gehört.[51] Chef und Untergebener, Liebhaber und Geliebte sowie Vater, Mutter und Kind sind alles nur soziale Rollen, die wir im Alltag spielen. Doch woher kommt eigentlich der Zwang, bestimmte Rollen einzunehmen? Und welche Funktion erfüllen sie? Im Spätkapitalismus hat sich der Zwang zum Einnehmen einer Rolle verallgemeinert, zugleich werden aber dem Individuum die Mittel entzogen, diesen Anspruch auch erfüllen zu können. So dient die Rolle nicht länger dem Zweck, die Welt kennenzulernen, sondern sie muss auf das eigene Ich bezogen werden und soll nur noch das Selbst statt der Welt erkunden.[52] Das Spiel einer Rolle im Alltag wird zunehmend nicht als lustvolles Spiel der Verwandlung empfunden, sondern als Zwang zur Anpassung. Gleichzeitig erspart eine solche Identifikation dem Ich die konflikthafte Auseinandersetzung mit der äußeren Realität. Die Unlust des Konflikts wird durch die Rolle erspart, was aber dazu führt, dass das so geschützte Ich verkümmert und umso schutzloser der Realität ausgeliefert ist, wenn diese sich doch geltend macht und die Rolle bröckelt.[53] Was die Identifikation mit der Rolle individuell erspart, rächt sich durch die Abhängigkeit von ihr. Auch der Eindruck, mit einer Rolle etwas repräsentieren zu müssen, was man weder ist noch sein will, speist sich aus deren gesellschaftlicher Funktion, sich nämlich identifizieren zu müssen mit einer Ordnung, die einen unterwirft und angreift. Das Unbehagen in der Rolle dürfte eine der prägendsten sozialen Erfahrungen unserer Zeit sein. Wir sollten also nicht erstaunt sein, dass dieses Unbehagen einen Ausdruck auf den Bühnen der Theater sucht.

Die Lage wird widersprüchlich nun dadurch, dass sich auf dem Stand der gegenwärtigen gesellschaftlichen Entwicklung die bisherige Identifikation mit bestimmten sozialen Rollen als dysfunktional erweist. Die Veränderung der Produktion erfordert flexiblere Arbeitskräfte mit einem dementsprechenden Rollenverständnis. Die Dynamik des Kapitals stellt neue Anforderung an die Subjekte und deren Leben. Wer sich nicht anpasst, kann in der Konkurrenz nicht bestehen. Wenn die Identifikation mit der Rolle Ausdruck des Zwangsverhältnisses der Gesellschaft ist, kann es also nicht darum gehen, nur die Rolle zu flexibilisieren und damit der Forderung der Flexibilisierung des Zwangs nachzukommen. »Sei ganz du selbst, und zwar genau so, wie es der Markt von dir verlangt.«[54] Allein die Kritik der Beschaffenheit der Rolle befreit noch nicht aus dem Dilemma ihrer gesellschaftlichen Funktion im Dienste der Herrschaft. Sichtbar werden muss der soziale Zusammenhang, der in die Rolle zwingt. Das wäre eine Kritik des autoritären Mechanismus, nicht nur ein oberflächliches Neuarrangement desselben mittels der Kreation flexibler Rollenmodelle. Wie lässt sich dieser Befund aufs Theater übertragen? Die Forderung, mit der Rolle identisch zu werden, ist so falsch, dass nicht einmal ihr Gegenteil – nämlich nur mit eigenem performerischen Selbst identisch zu sein – richtig ist. Das wäre eine Wiederkehr des Gleichen unter veränderten Vorzeichen, jeweils steht am Ende der Zwang zur Identität. Doch die Performance soll die Schauspieler erretten vor äußerem Zwang, den Ansprüchen der Rolle, des Texts und der Handlung. Ist alles, was nicht dem eigenen Ich entspringt, schon ein äußerer Zwang? Und ist es nicht eine irreführende Vorstellung, dass Zwang nur von außen kommen könne? Die Psychoanalyse hat gezeigt, dass sich die Zwänge des Subjekts nicht minder grausam erweisen können als die der Gesellschaft, eben weil sie ihr entspringen. Es ist die wohl raffinierteste Täuschung der Ideologie, dass es einen Bereich gäbe, der von ihr unberührt wäre. So schildert Adorno in den *Minima Moralia*, wie sich die unreflektierte Spontaneität und die vorgebliche Aufrichtigkeit des Gefühls ins Gegenteil verkehren. Die »Stimme des Herzens« erweist sich nach Adorno als »Werkzeug der Gesellschaft«[55] – ein Gedanke, den der Theaterautor und -regisseur René Pollesch vor allem zusammen mit dem Schauspieler Fabian Hinrichs und dem Bühnenbildner Bert Neumann in vielen seiner Stücke mehr oder weniger explizit verhandelt und damit einen wichtigen Beitrag zum Verständnis dieses Dilemmas geleistet hat. Es wäre also ein Irrtum, die Performance von allem, was dem Rollenspiel anhaftet, frei, unberührt und unschuldig zu wähnen. Etwas Ähnliches können wir im Theater bei sogenannten Experten des Alltags beobachten, die vor allem bei dokumentarischen Ansätzen zum Einsatz kommen. Was sehen wir? Dass sie sich auf der Bühne sichtbar fremd fühlen. Oder dass sie scheinbar ganz ungezwungen miteinander sprechen. Sie sind aber mitnichten – wie uns der Augenschein suggerieren mag – völlig frei von dem Zwang der Rolle, frei davon, etwas repräsentieren zu müssen. Aber was tun diese

Menschen denn, wenn sie Abend für Abend wieder in die Scheinwerfer blinzeln, als würden sie das erste Mal auf der Bühne stehen? Oder einander begrüßen, als würden sie sich gerade kennenlernen? Auch wer nur sich selbst spielt, hat einen Text für dieses Spiel, nämlich den der eigenen Lebensgeschichte, die nicht frei von Zwang sein dürfte. Es ist eine Rolle, die des eigenen Selbst, die, um die Identifikation mit dem Publikum herzustellen, dann auf der Bühne besonders ungelenk daherkommt. Und auch damit wird eine Handlung dargestellt, es ist ein stellvertretender Vorgang, der eine Bedeutung trägt. Die Differenz von Leben und Bühne wird verdeckt. Nur von dem zu sprechen, was man selbst verbürgen kann, oder nur die Figur zu spielen, die einem sowieso bereitsteht, löst aber in keinerlei Weise das Dilemma. Die Frage ist, ob sich eine solche Vorstellung von Performance nicht der Mittel beraubt, die notwendig sind, um über die eigenen Verstrickungen in die gesellschaftlichen Verhältnisse noch Auskunft zu geben. Denn ob die »Stimme des Herzens« eine Täuschung sein mag, lässt sich kaum ermitteln, wenn ihr unbedingt Glauben zu schenken ist. Wie befragt sich das Subjekt überhaupt noch kritisch selbst, wenn nicht in der spielerischen Verfremdung durch Rolle, Text und Handlung? Und auch auf die politischen Konsequenzen einer so verstandenen performativen Wende sollte man einen kritischen Blick werfen.

An dieser Stelle gilt es zu unterscheiden. Die Mittel des performativen Theaters sind nicht per se untauglich, die Wirklichkeit zu befragen. Es kommt auf ihren Gebrauch an. Eine Repräsentationskritik, die nur auf die bloße Unmöglichkeit oder schlichte Vervielfältigung des zu Repräsentierenden setzt, ohne ins Zentrum der künstlerischen Darstellung der Wirklichkeit vorzudringen, verfehlt ihren Zweck. Wie schon erwähnt haben Pollesch, Hinrichs und Neumann zu einer neuen Verbindung von Brecht'scher Dramaturgie und performativen Mitteln viel beigetragen, beispielsweise mit *Kill Your Darlings! Streets of Berladelphia* (2012). Doch zugleich lässt sich ein gedankenloser Gebrauch derselben Mittel beobachten. Dieser trägt zur Errichtung einer neuen Illusion im Theater gerade dadurch bei, dass der Performance eine von ihrem Einsatz unabhängige kritische Kraft zugeschrieben wird, auf die sich noch die misslungenste Aufführung zurückziehen kann, um zu verschleiern, dass sie ihrem eigenen Anspruch keinesfalls gerecht wird. Ebenso ist es beispielsweise mit der Intermedialität, dem Ineinanderübergehen verschiedenster künstlerischer Gattungen und Formen, das für sich genommen noch keine Steigerung der Kunstwirkung bedeutet. So wäre nicht die viel diskutierte »Verfransung der Künste«[56] an sich zu kritisieren, sehr wohl aber die damit einhergehende Anspruchslosigkeit, Unzulänglichkeit und Inkonsequenz. Gestützt wird solche Gedankenlosigkeit durch die ästhetischen und theoretischen Verwirrspiele, wie man sie in der programmatischen Schrift *Ästhetik des Performativen* von Erika Fischer-Lichte findet, welche die Abdichtung des Konzeptes gegen zweifelnde Einsprüche wortreich vorexerziert. Im letzten Kapitel des Buches bemüht Fischer-Lichte zur Beschreibung ihrer Zielsetzung mit der »Wiederverzauberung der Welt« eine Parole der Romantik. Die Welt sei von unsichtbaren Kräften durchzogen, alles sei mit allem verknüpft, der Schlag eines Schmetterlings könne einen Tornado auslösen, die Komplexität der Gesellschaften sei durch die Globalisierung unerträglich angestiegen, es gebe viele Dinge, die sich der Erkennbarkeit und Planbarkeit entzögen, Hirnforscher hätten festgestellt, dass Entscheidungen des Menschen schon feststünden, ehe sie bewusst würden, und auch Freud habe gezeigt, dass »im Menschen geheimnisvolle Kräfte walten, die sich seinem bewußten Wollen und Wissen entziehen«[57] – das sollen die Gründe für die proklamierte Wiederverzauberung sein. Doch stimmt das? Hat Freud nicht im Gegenteil gezeigt, dass es keineswegs geheimnisvolle Kräfte sind, die im psychischen Apparat wirken? Dass diese Kräfte erkennbar sind, wenn auch nicht mit den Methoden der positivistischen Psychologie, weswegen er die Psychoanalyse als dialektische Methode im therapeutischen Gewand begründet hat. Und die unsichtbaren Kräfte in der Welt? Den stummen Zwang der Verhältnisse kann man nicht mit eigenen Augen und Ohren wahrnehmen. Aber bedeutet das seine prinzipielle Unerkennbarkeit? Wenn es doch auch sichtbare Folgen gibt? Begriffliches Denken operiert sehr wohl mit Gegenständen, die zwar nicht als eine sinnliche Einheit bestehen, deswegen aber nicht minder real sind. Auch gibt es bekanntlich weniger Tornados als Flügelschläge von Schmetterlingen. Könnte es also sein, dass dieser Zusammenhang nicht zwingend kausal ist? Die Frage bleibt letztlich der Meteorologie überlassen, aber als Einwand gegen Wissenschaft und Vernunft sollte man so etwas wohl besser nicht anführen. Zugespitzt formuliert ist nach Fischer-Lichte die Welt dem Zugriff von Wissenschaft, Vernunft und Technologie grundsätzlich entzogen. Die Mittel der menschlichen Kultur sind allesamt nutzlos angesichts der unerkennbaren Mannigfaltigkeit alles Seienden.

Die Welt ist verzaubert, so Fischer-Lichte, sie ist »ähnlich unverfügbar wie die autopoietische *feedback*-Schleife, die in den Aufführungen wirkt«.[58] Im Begriff der ›autopoietischen *feedback*-Schleife‹ bündelt die Autorin das vermeintliche Potenzial der Performance zur selbstbezüglichen Wirklichkeitserzeugung; Künstler könnten mittels ihrer die »Erkenntnis der geheimnisvollen Unverfügbarkeit«[59] erlebbar und erfahrbar machen. Ohne Frage führt Kunst an die Grenze des Sprachlichen und des Rationalen, jedoch ohne selbst der Irrationalität zu verfallen. Auch gibt es einen unverfügbaren Charakter der Materialität von Welt, der aber deshalb noch lange nicht als dunkles Geheimnis mystifiziert werden muss. Dass der Geist die Welt nicht restlos unterwerfen kann, bedeutet nicht die Unmöglichkeit geistiger Erkenntnis, die sich in der Moderne seit Kant und Hegel als Erkenntnis der Grenzen des Geistigen bestimmt. Fischer-Lichte schreibt, dass die »Betonung der Selbstbezüglichkeit« der Performance mit einem »Verzicht auf Verstehensleistungen«[60] einhergehe. Was sie aber nicht als Gegenaufklärung verstanden wissen will. Denn die Ästhetik des Performativen markiere nur die Grenzen der Aufklärung, sie sei eigentlich eine Art neue Aufklärung. Sie rufe den Menschen auf, sich in der Welt wie in den Aufführungen der Kunst zu verhalten. Wo aber sollen die Grenzen der Aufklärung verlaufen, wenn man auf Verstehensleistungen verzichten soll? Bei der eigenen Selbstbezüglichkeit? Und soll man sich dann ebenso in der Welt verhalten? Verschmolzen mit dem großen Weltgeheimnis der Unverfügbarkeit? Diese Art von Weltflucht landet wie jeder Romantizismus, der eine jegliche rätselhafte Sache gleich zum Geheimnis aufbauschen muss, bei einem mit rebellischem Gestus aufgepeppten Einverständnis mit der Welt. Das Verdikt der Gegenaufklärung ist so falsch nicht. Wer jegliche Erkenntnis für schlechthin unmöglich hält und immer von Geheimnissen raunt, findet sich irgendwann im Kunstmystizismus wieder, angereichert mit kruder Wissenschaftsskepsis, Technikkritik und Vulgärpsychologie. So klingt keine Kritik moderner Rationalität, sondern ihre bloße Ablehnung.

Die ›autopoietische *feedback*-Schleife‹ erinnert in gewisser Weise an einen ebenfalls magisch erscheinenden Prozess, den der Selbstverwertung des Werts von Geld zu mehr Geld, das – nach Marx – Geheimnis des »Geld heckenden Geldes«. Es handelt sich dabei um einen realen Schein, die Bewegung der Sachen bestimmt die Menschen, aber nur, weil sie alle zusammen auf eine bestimmte Weise produzieren. Sie tun es, wissen es aber nicht, wie Marx schreibt. Wenn nun im Theater Präsenz-effekte, Ereignisse, Aktionen, *liveness*, Performance durch eine Art ozeanisches Gefühl eine Einübung in die geheimnisvolle Unverfügbarkeit darstellen, so ist das analog zu der undurchschaubaren Einfühlung in den selbst-bezüglichen Prozess des Kapitals. Die geheimnisvolle Unverfügbarkeit desselben erfahren Menschen vor allem in der Wirtschaftskrise, wenn sie Arbeit, Wohnung, Ersparnisse und Versicherungen verlieren, damit die Ökonomie sich »gesund schrumpft« und die Profitproduktion wieder in Gang kommt. Geradezu zynisch mutet es an, dass in der *Ästhetik des Performativen* die »Auslösung von Krisen«, die »zutiefst verstörende Erfahrungen«[61] erzeugen, als ästhetisches Mittel angepriesen wird, um Schwellenzustände herzustellen. Es macht allerdings die Kapitalsimulation des Performativen erst komplett: eine krisenerzeugende, selbstbezügliche Feedback-Schleife, in die sich das Individuum letztlich widerstandslos einfügen soll, wenn es auch nicht mehr macht als zutiefst verstörende Erfahrungen. Das stößt Kunst auf eine vor-reflexive Stufe zurück, stiftet einen »Kultus irrationaler Unmittelbarkeit« (Adorno) und ist das Gegenstück zu ästhetischer Aufklärung. Die Vorläufer der ›Wiederverzauberung der

Welt‹ müssen wir nicht bei den berüchtigten französischen Philosophen der zweiten Hälfte des 20. Jahrhunderts suchen, sondern in der Epoche der deutschen Romantik. In ihr schlägt die Kritik der Rationalität in offenen Irrationalismus um. Der Kampf gegen den Werkbegriff, das Lob der Formlosigkeit und des Zufälligen, Vorliebe für Fragment und Gesamtkunstwerk, Verabsolutierung des Gefühls, Ablehnung der Vernunft, auch der ästhetischen, paarte sich dort mit Zurückweisung von Aufklärung, Liberalismus und Materialismus. Als »ästhetischer Fundamentalismus« (Stefan Breuer) lässt sich diese Tendenz in verschiedensten Spielarten von der Romantik über Richard Wagner und Stefan George bis in die Gegenwart verfolgen. In der Kunst der Moderne, so stellt Adorno in der *Ästhetischen Theorie* fest, zeichnet sich das Romantische vor allem durch einen Fetischismus des Erscheinenden aus, verfällt mit der Vorliebe fürs Nichtfixierte der ästhetischen Regression und neigt in der Verfallsform dem Akademismus zu – auch heute durchaus keine unbekannten Phänomene. Es verwundert demnach nicht, dass Adornos Bestimmung der Kunst das exakte und deutliche Gegenteil einer ›Wiederverzauberung der Welt‹ ist: Kunst, der Aufklärung verbunden, »entzaubert die entzauberte Welt«.[62] Und auch Brechts Aufruf, im

Theater das romantische Glotzen doch bitte zu unterlassen, bezog Haltung gegen die unverstandene Einfühlung. Andersherum richtet sich eine wie zuvor skizzierte Ästhetik des Performativen wohl vor allem gegen die aufklärerische Dramaturgie Brechts. Wer die Welt verändern muss und will, wird von der Wiederverzauberung wohlweislich die Finger lassen.

Die magische Emergenz der Aufführung wandelt die Stücke nach Fischer-Lichte zudem von Werken zu Ereignissen, aus Zuschauern werden Akteure, das Happening formt aus allen Beteiligten eine Gemeinschaft. Körper, Räume, Identitäten – alles kommt ins Fließen, wenn die Performance uns mit dem großen Geheimnis der Selbstreferenzialität bekannt macht, das jede symbolische Ordnung und deren Dichotomien unterläuft. Der Theaterwissenschaftler Wolfram Ette hat solche ozeanischen Vorstellungen einmal auf den treffenden Begriff einer »Metaphysik der Präödipalität« gebracht. Es geht nicht nur um das Spiel, Performance oder Rollenspiel, sondern auch um das Gespielte, postdramatisches Theater oder Drama. Wohnen wir einem Ereignis bei oder wird uns eine Handlung vorgespielt? Wie Christoph Menke in *Die Gegenwart der Tragödie* ausführt, verfügt die dramatische

Form über einen sozialen Inhalt. Drama ist die Vorführung von Handlungen in Situationen. Und Handlungen sind wiederum der Stoff, aus dem Gesellschaften sind – selbst wenn die Menschen es nach Marx nicht wissen, tun sie es doch. Indem Handlungen sowohl den Grundstoff der Gesellschaft als auch das dramatische Grundmaterial bilden, »wiederholen die Spiele auf der Bühne die Spiele der Gesellschaft«,[63] so Menke. Es wird gezeigt, dass Gesellschaft auf Handlungen basiert, sprachlichen und nichtsprachlichen, bewussten und unbewussten, individuellen und kollektiven, möglichen und unmöglichen. Das ist die Wahrheit über die Verhältnisse, die den Schein der Selbstbezüglichkeit nur bekommen, weil die Erzeugung von Schein eine Qualität des Handelns und Produzierens ist. Indem das Drama die Gesellschaft als eine auf Handlungen basierende zeigt, kann es anderes, bewusstes Handeln antizipieren, zugleich evoziert es ein Urteil. Die Trennung von Handelnden und Urteilenden folgt der Wirklichkeit, in der den Subjekten ihre eigenen Handlungen in entfremdeter Form entgegentreten und dementsprechend nach einem Urteil über die Konsequenzen verlangen. Der Unterschied von Postdramatik und Dramatik sowie von Werk und Ereignis führt zu der Frage, welche Vorstellung von Gesellschaft mit der jeweiligen Konzeption verbunden ist. Im Zuge der performativen Wende hat sich die Ansicht popularisiert, dass Gesellschaft nichts weiter sei als eine Ansammlung von nebeneinander existierenden Körpern. Finden die verletzlichen Körper zueinander, konstituiert sich ein politisches Ereignis, wie auch Judith Butler in ihren *Anmerkungen zu einer performativen Theorie der Versammlung* schreibt. Wohlgemerkt ein Ereignis ohne Wahrheit, weswegen bei Butler die Grenzen des Politischen verschwinden oder zumindest verschwimmen.[64] Die Bedingung von Gesellschaft – Mannigfaltigkeit des Seienden und Vielfalt des Lebendigen – wird zu ihrem Wesen erklärt. Das erinnert stark an ein vom Geist auf den Körper gewendetes Phantasma des Neoliberalismus, nach dem es keine Gesellschaft gäbe, nur vereinzelte Einzelne. Dabei sind auch die Körper immer schon vergesellschaftet, nicht nur durch Sprechakte, sondern durch kollektive Handlungen, nämlich den gesellschaftlichen Lebens- und Arbeitsprozess. Der Körper ist nicht für sich, er ist auch für andere, insoweit er ein gesellschaftlich handelnder Körper ist. Und keine Handlung ist nur für sich, sie sind zusammengefasst in dem Begriff der Gesellschaft, die ihr Verhältnis zueinander strukturiert. An der Totalität, also dem, was nicht nur die Summe der einzelnen Handlungen, sondern auch die sie übersteigende Struktur darstellt, kommt man nicht vorbei. Die romantische Klage, dass Bühne und Welt, Mensch und Rolle, Bewegung und Text, Wirklichkeit und Spiel, Zuschauer und Spieler auseinandergerissen seien, führt zu dem Wunsch, diese Grenzen zu überwinden und alles wieder in dem einzelnen Körper mit seinem performativen Vermögen zusammenzuführen. Allerdings führt das zum eigentlichen Auseinanderreißen, weil es den einzelnen Körper, die einzelne Handlung aus ihrem gesellschaftlichen Zusammenhang abstrahiert, also herausreißt, weil weggeschnitten wird, was dem Idealbild des sich selbsterzeugenden Einzelnen widerspricht. Gerade die vermeintliche Konkretheit des Postdramatischen und Performativen erweist sich als leere Abstraktion und verzerrtes Wunschbild. Weil alles eins werden soll, werden letztendlich Spiel und Schein zugleich liquidiert. Es soll keine Differenz geben zwischen Zeichen und Bedeutung, zwischen Handlung und Sprache, sondern Identität im wirklichkeitserzeugenden Akt der selbstbezüglichen Handlung, wie Fischer-Lichte ausführt.[65] Wie man sich das vorzustellen hat? Eine Selbstverletzungsperformance von Marina Abramović dient der Ästhetik des Performativen als Beispiel und Begründung. Bei *Lips of Thomas* (1975, 1993, 2005) aß die Performerin ein Kilo Honig, trank einen Liter Rotwein, verletzte sich mit einer Rasierklinge schwer am Bauch, peitschte sich aus und legte sich auf einen Eisblock, der unter einem Heizstrahler positioniert war. Überzuckert, unterkühlt, überhitzt, alkoholisiert und blutend zugleich befand sie sich in einer misslichen Lage, verzog aber keine Miene. Bis sich irgendwann ein Teil der Zuschauer entschieden hatte, der Tortur ein Ende zu setzen. Nach Fischer-Lichte ereignete sich dabei eine Konfrontation ästhetischer und ethischer Normen. Kein Spiel, kein Schein, Einheit von Tat und Zweck, Kunst und Wirklichkeit. Echtes Blut, echter Schmerz. Doch was bei Fischer-Lichte als Überwindung der Gegensätze angepriesen wird, ist im Gegenteil ein Zurückgehen hinter sie. In der Kunst ist es um Zeichen der Wirklichkeit zu tun, nicht um wirkliche Zeichen – deren Hauruck-Verwirklichung dann notwendig ins Gewaltsame kippt. »Die Verwechslung von Kunst und Leben fordert zu Gesten auf, die ins Extreme gehen – wie wäre es mit einem Mord in der Galerie?«,[66] spottete Brian O'Doherty in seinem Buch *In der weißen Zelle*. Gegen die romantische Lesart des Performativen als Verschmelzungslehre von Kunst und Leben sowie die gedankenlose

Anwendung solch wenig aufklärerischer Lehrsätze soll darauf verwiesen werden, dass auch die Mittel des performativen Theaters darstellender Art sind, also als konstitutiv von der Welt getrennt verstanden werden müssen. Zu befragen sind sie darauf, *wie* sie die Wirklichkeit zur Darstellung bringen – statt den abwegigen Behauptungen einer unmittelbaren, erlösenden Einheit von Performance und Weltgeheimnis Glauben zu schenken. Es gibt einen wiederverzaubernden und einen entzaubernden Gebrauch der Mittel des Theaters – das gilt auch für ihre performativen Formen. Vor diesem Hintergrund sollte sich immer die Frage stellen, welche Mittel sich eigentlich in einem solchen Gebrauch bewähren können – und ob man manche nicht übereilt im Namen des performativen Fortschritts entsorgt hat. Gegen die Verkürzung einer als Allheilmittel angepriesenen Ästhetik des Performativen im Sinne Fischer-Lichtes könnte man sich die Vielfalt und Differenziertheit der historisch entwickelten Theatermittel vor Augen halten. Das dürfte vor vorschnellen Erlösungsfantasien aus dem Geiste der Performance schützen, die auf die Abschaffung der Eigengesetzlichkeit der Kunst zielen. Von solcher Wiederauflage des Mythos emanzipiert sich das Kunstwerk durch den ästhetischen Schein, dessen Rettung Adorno

einst als das Zentrum seiner Ästhetik bezeichnet hat.

Die metaphysischen Spiegel der Kunst

Die Erneuerung der Idee des Theaters könnte sich gerade mittels jener Begriffe vollziehen, die in der gegenwärtigen Diskussion eher verpönt sind: Schein, Spiel und Mimesis. In ihnen liegt die Modernität, also die Eigengesetzlichkeit des Theaters begründet. Dagegen wendet sich ein wilder Angriff gegen vermeintliche Metaphysik, der letztlich die Wirklichkeit nicht nur zum Material, sondern auch zum Maßstab ästhetischer Gebilde machen will. Doch die gegenwärtigen Probleme des Theaters resultieren nicht aus der noch nicht restlos geglückten Austreibung der Metaphysik, sondern hängen im Gegenteil mit einem metaphysischen Mangel zusammen. Der Beginn des 21. Jahrhunderts steht im Zeichen der »Passion des Realen« (Alain Badiou), der Rebellion gegen den ästhetischen Schein. Der Schein ist das Skandalöse der Kunst, nur mit ihm und durch ihn kann sie ihrer eigenen Wege gehen, abseits der ausgetretenen Pfade des Bekannten. Ihn zu zerstören, statt zu nutzen, zeichnet wiederum die sogenannten Grenzüberschreitungen im Theater aus. So wird – wie beschrieben – die bis an die Grenze des juristischen Tatbestands der unterlassenen Hilfeleistung führende Selbstverletzung vor Publikum von Marina Abramović in Erika Fischer-Lichtes *Ästhetik des Performativen* zum Paradigma eines neuen Kunsterlebens erklärt. Kriterium dieses Erlebens wird die Ununterscheidbarkeit von Kunst und Wirklichkeit, ein reichlich beschränktes Drama für eine an Wirklichkeitsentzug leidende Kunstboheme, aufgeführt in den Trümmern des Scheins. Hin- und hergerissen zwischen Voyeurismus und Schock blickt das Publikum wie gebannt auf die Inszenierung eines archaischen Selbstopfers. Die Verwirrung reicht in der Folge so weit, dass alles nur noch als Simulation des Ästhetischen wahrgenommen wird: »Auf der Art Basel Miami Beach etwa wurde 2016 eine Frau mit einem Messer attackiert. Die meisten Messebesucher, routinierte Kunstkenner, hielten es für eine Performance und beobachteten das Geschehen entsprechend interessiert, nämlich einzig als ästhetischen Reiz.«[67] Entkunstung der Kunst und Ästhetisierung der Wirklichkeit sind komplementäre Prozesse. Sie verfestigen sich zur »Gesellschaft des Spektakels« (Guy Debord), in der die Produzenten der Welt zu Zuschauern derselben degradiert werden. Doch was bringt die modernen Verächter des Scheins gegen ihn auf? Zumeist wird der Schein als eine trügerische Illusion betrachtet, die der Wirklichkeit im Wege steht, unnütze Zeichen, welche die Begegnung mit dem Realen verhindern. Doch führt diese Gleichsetzung in die Irre. Es gibt auch einen Schein, der nicht betrügt. Um das mit einer lockeren Analogie zunächst anzudeuten: Wenn beispielsweise bei einem Schiff am Horizont zuerst der Mast auftaucht und dann der Bug, so ist das kein Knick in der Optik, sondern die Erscheinung der Objektivität: die Krümmung der Erdoberfläche. Es wäre falsch, diese Täuschung als einen Fehler des menschlichen Auges zu begreifen. Und es wäre freilich katastrophal, aufgrund dieses Missverständnisses das Auge einer Behandlung zu unterwerfen, die diesen vermeintlichen Fehler zu korrigieren beabsichtigte. Was wie eine Täuschung erscheint, ist nicht notwendig ein Trugbild oder eine subjektive Illusion. Sie kann den Dingen selbst entspringen. Es gilt also, die Funktion der Täuschung zu erfassen, und nicht, sie einfach abzulehnen. So ermöglicht der ästhetische Schein ein bewusstes Agieren im Unwirklichen, das zur Bedingung der wahren Erscheinung der Wirklichkeit wird. Eine Eigentümlichkeit, die aber von allen Beteiligten als solche verstanden und geteilt werden kann. Würde sich im Theater jemand enttäuscht oder gar wütend zeigen, wenn der Darsteller des Hamlet sich nach seinem Bühnentod zum Applaus erhebt, statt tatsächlich erschlagen zu sein? Und könnte das hingegen nicht bei einer Performance von Abramović passieren, sollte sich zeigen, dass alles nur gespielt war? Die eingestandene Täuschung hebt sich selbst auf. Man tut so, als glaubte man, was man sieht. Oder anders gesagt: Man tut eben nicht so, als glaubte man nicht, was man vorgeführt bekommt. Der ästhetische Schein steht oberhalb der Opposition von Glauben und Betrug, Illusion und Wirklichkeit. Mit ihm stellt sich die Frage nach der Wirklichkeit des Wirklichen, die seine Kritiker gar nicht erst zulassen. Sie verhalten sich wie Alceste in Molières *Der Menschenfeind*, der nicht versteht, dass die Liebe ein ungeglaubter Glaube, eine Täuschung ohne Betrogene ist. Doch ist jede Wahrheit wie die Liebe. Indem Alceste dies nicht versteht, wird er wirklich zum Betrogenen. Er betrügt sich selbst – um die Liebe, um die Wahrheit und das Glück. Der, der vermeintlich alles durchschaut, blickt am Ende gar nicht mehr durch. Die Nicht-Getäuschten irren, lautet ein bekannter Ausspruch von Jacques Lacan. Ästhetischer Schein bedeutet Aufklärung, weil er im Modus der sich selbst aufhebenden Selbsttäuschung eine andere Praxis statthaben lassen kann. Der ästhetische Schein ist keine okkulte Qualität des Kunstwerks oder einer sonstigen Wesenheit, die sich darin zeigen würde, sondern eine durch handwerkliche und technische Mittel bedingte Realisierung menschlicher Fantasie. Insoweit ist er ein »Vor-Schein« (Ernst Bloch) des Utopischen, während sich die Verächter des Scheins nur in extreme Gesten flüchten können, eben an die juristischen oder physischen Grenzen des Wirklichen gehen müssen, weil sie jede andere Möglichkeit seiner Transzendierung als Illusion ablehnen. Brecht, der den Unterschied kannte, restituierte den Schein und bekämpfte dessen Ersetzung durch Illusion. Indem er politische Impulse in ästhetische Neuerungen innerhalb der theatralen Form übersetzte, erneuerte er die Wahrheitsfähigkeit des Scheins. Was er bekämpfte, waren beispielsweise die Illusionen der Einmaligkeit und Unwiederholbarkeit einer Aufführung[68] – also interessanterweise ebenjene, die gegenwärtig im Namen von Präsenz und Ereignis eine fröhliche Renaissance feiern. Der Verzicht auf die naturalistischen Kulissenlandschaften und expressionistische Selbstdarstellerei hatte die Besinnung auf das Wesentliche des Theaters zum Ziel. Das war Brechts deutliche Absage an den Niedergang des bürgerlichen Theaters, welches sich immer mehr auf das Illusionäre stürzte, um der Frage nach der gesellschaftlichen und künstlerischen Funktion des Theaters auszuweichen. Heute befindet sich das Theater in einer zumindest nicht ganz unähnlichen Situation. Mit einigem Befremden kann man zur Kenntnis nehmen, wie eifrig an der Wiederverzauberung des Theaters im Gestus der performativen Erneuerung gearbeitet wird, um es als Ort der Wahrheit unmöglich zu machen. Den ästhetischen Schein als bloße Illusion zu begreifen und beseitigen zu wollen, schüttet das Kind mit dem Bade aus.

Die Absage an den Schein und der Wunsch nach dem Realen sind neuzeitliche Bilderstürmerei. Die Präsenz der Repräsentation vorzuziehen, das Werk durch das Ereignis zu ersetzen und den ästhetischen Schein nur als einen zu beseitigenden Restbestand abendländischer Metaphysik aufzufassen, drückt eine romantische Sehnsucht nach Unmittelbarkeit aus, nach einem Moment, der die große Wesensschau als eine Art Schelling'sche intellektuelle Anschauung oder Heidegger'sche Lichtung des Seienden ermöglichen soll. Ist es nicht das, was uns die Teilnehmer nach einer SIGNA-Performance mitteilen möchten, wenn sie mit glänzenden Augen berichten, dass man über das dort Erlebte gar nicht mehr sprechen könne? Es wäre fatal, sollte die Wahrheit der Kunst tatsächlich dort liegen, wo es besonders mystisch zugeht, im absolut Sprachfernen, Unartikulierbaren, Unerkennbaren, wo keine Mittel menschlichen Tuns mehr hinführen, wo man all diese gar über Bord werfen muss, um dieses geheimnisvolle Reich des eigentlichen Kunsterlebens zu betreten und dort in stiller Andacht zu versinken. Grundlage dessen ist die Vorstellung, dass man alle Mittel der Kunst, also die Vermittlung selbst, zerschlagen müsse, um schneller, um effektiver, um gefühlsechter und unbedingter zu der ›wirklichen Welt dort draußen‹, zum Realen vorzustoßen oder dessen Einbruch – dem Einbruch des Realen, wie es heute immer so unschön heißt – den Weg zu bereiten. Unverstellt und gereinigt von allen Abwegen und Perversionen soll das Absolute erscheinen. Das ist eine reichlich hygienische Vorstellung von dem, was Wahrheit wäre, ein bloßes Entfernen des Nichtpassenden. Und das führt in die Irre, wie zwei Analogien verdeutlichen mögen: So ist beispielsweise das Ziel der Psychoanalyse nicht, den Perversionen und Konflikte des eigenen Ichs zu entkommen, also das Ich von den es verfolgenden Fantasien und Neurosen zu säubern, sondern in den Perversionen selbst das Wirken des Ichs und seiner Konflikte mit dem Trieb und dem Über-Ich zu erkennen und zu erfahren. Auch Kants Sittengesetz basiert nicht auf der Reinheit des Geistes und der Negation aller Exzesse des Ichs, sondern auf der Fähigkeit, die Spaltung zu wählen, wie es Alenka Zupančič beschrieben hat.[69] Es ist zudem ein schlechtes Verständnis des Realen, wenn man annehmen würde, man könne es einfach enthüllen, indem man die es verdeckende symbolische Ordnung zerschlage. Es gibt kein außerhalb derselben und auch kein Reales ›dort draußen‹. Das ist krudes Hinterweltlertum, wie Nietzsche es nannte, sei es auch in die modischen Gewänder aktueller Kunstdiskurse gekleidet. Der oft beschworene Einbruch des Realen ist vielmehr eine Flucht vor dessen wirklichem Erscheinen in der Kunst. Es gibt, in der Welt und im Kunstwerk, kein *hinter* der Erscheinung, nur ein *durch* die Erscheinung. Wie in der Psychoanalyse kann es nur ein Hindurcharbeiten geben, eine Anstrengung der Wiederholung. »Wir kommen nicht zum Realen, indem wir die symbolische Funktion eliminieren, die Maske, und hinter sie schauen, sondern indem wir die symbolische Fiktion, die Maske, *verdoppeln*, indem wir noch eine weitere über die bereits existierende ziehen«,[70] so Zupančič. Der Weg zur Erneuerung der Idee des Theaters kann demnach unmöglich über die Beschwörung des Realen führen. Nicht die Einheit gilt es zu suchen, sondern wir müssen im Gegenteil das Wesen der ästhetischen Verdoppelung und Spaltung ergründen.

Die Arbeit der Verdopplung ist in der Ästhetik mit dem Begriff der Mimesis verknüpft, der gegenwärtig nicht besonders gut gelitten ist. Doch bevor man in dieses Urteil einstimmt und mimetisches Verhalten für eine rückständige Praxis erklärt, mit dem man im Namen der Gegenwart und des Fortschritts Schluss machen müsse, werfen wir einen Blick auf diesen schillernden Begriff. Die Mimesis wurde verschiedentlich als eine Grundbedingung des menschlichen Verhaltens bestimmt. Aristoteles hat den Menschen als nachahmendes Tier charakterisiert. Und auch Horkheimer und Adorno haben in der *Dialektik der Aufklärung* die Mimesis in den Stufen des Zivilisationsprozesses beschrieben. Verschiedene mimetische Techniken haben sich über die Zeiten entwickelt – vor allem in Bezug auf die Natur. Im magischen Zeitalter beispielsweise vollzog sie sich noch als Beschwörung durch Gleichmachung, als Versuch der Beherrschung der außermenschlichen Welt, der später durch technische Rationalität abgelöst wurde. Diese hat zwar das mimetische Verhalten unterdrückt, aber nicht ausgelöscht.

Während Anpassung an die gesellschaftlichen Zwänge gefordert wird, darf das Naturhafte nicht in Erscheinung treten. Die zweite Natur triumphiert über die erste, doch ist der Druck der Kultur nicht geringer als der der Natur. Es entsteht eine Mimesis zweiter Ordnung, errichtet auf der Unterdrückung mimetischen Verhaltens und dessen gleichzeitiger Simulation – nach Horkheimer und Adorno die Grundkonstellation des Faschismus, in der die unterdrückten Triebe zugleich mobilisiert werden, aber im Dienste der Unterdrückung selbst. Diese Mimesis zweiter Ordnung ist bloßer Gehorsam, Anpassung an Zwang und Herrschaft. Allein an den depressiven Erkrankungen der Gegenwart ist wohl noch zu merken, dass es eine erschöpfte Natur gibt, einen Leib, der mit den Ansprüchen der grenzenlosen Expansion des Kapitals, der Intensivierung der Ausbeutung und der individuell zu leistenden Optimierung der Arbeitskraft kaum mehr mithalten kann. Mimesis kann sich als blinde vollziehen, unbewusste Anpassung als Selbstunterdrückung. Sie kann aber auch bewusst stattfinden, im Eingedenken eigener Naturhaftigkeit. Das ist zugleich der Vorschein des Endes repressiver Unterdrückung des Triebs, der nicht mehr niedergehalten werden muss, bis er sich letztendlich in entstellter Form rächt.

Das tabuisierte Eingedenken, welches nichts mit esoterischen Selbsterkundungstrips oder Yoga nach dem zehnstündigen Arbeitstag, aber alles mit der Frage zu tun hat, wofür es sich zu leben und zu produzieren lohnt, hat in der Kunst ein Residuum. Durch reflexive Mimesis, die Maske, die über das bestehende Visier gezogen wird, wird das Material selbst befreit vom reinen So-Sein zu einem Für-Uns, einem Anders-Sein. Nicht dass das umstandslos gelingen könnte. Im Gegenteil lässt sich dies als eine produktive Verirrung und Verwirrung beschreiben, die sich aus der Spannung zwischen dem mimetischen Begehren und der Unzulänglichkeit der Mittel speist, dieses widerspruchsfrei zu realisieren. Doch in diesen Widersprüchen zeigt sich das Begehrte und jede Wiederholung – und das ist keineswegs nebensächlich, sondern zentral – wiederholt auch ihre eigene Unmöglichkeit. Die Mimesis verfügt über eine eigene Entwicklungsgeschichte, auch in den abstrakten Formen der Kunst der Moderne wirkt sie als »unsinnliche Ähnlichkeit« (Walter Benjamin), Reflexion der Versachlichung der Verhältnisse. Die Freiheit von Spiel und Schein entsteht überhaupt mit der Mimesis. »Der Nachmachende macht seine Sache scheinbar. Man kann auch sagen: er spielt die Sache«, schreibt Benjamin und fügt hinzu: »In der Mimesis schlummern, eng ineinander-gefaltet wie Keimblätter, beide Seiten der Kunst: Schein und Spiel.«[71] Mimesis ist schein-erzeugende Praxis, die das Wesentliche wiederholt. Im Nachmachen erscheint die Idee des Nachgemachten, die sonst verborgen ist. Es gibt keinen Vorrang des Ersten in der Kunst, die Kopie kann das Original übersteigen – das ist die Wahrheit der Appropriation Art. Was sich gleichmacht, wird nicht gleich. Die Dialektik von Wiederholung und Differenz ist die Quelle des Neuen. Die zwanghafte Vermeidung von bewusster Wiederholung verstrickt sich nur umso schlimmer in die Immanenz des Seienden – weil sie bewusstlos wiederholt. Ohne bewusste Reflexion wird Mimesis erst zu dem, was ihr vorgeworfen wird: schlechte Kopie und Imitation. Die Theorie des antimimetischen Theaters sieht zwar deutlich den Zwang zur Anpassung der entstellten Mimesis, zieht daraus aber den Schluss, Mimesis als solche abzulehnen – was sich mit dem repressiven Tabu der Mimesis durch das System der Naturbeherrschung verbindet.

Mimetisches Verhalten ist eine geistig-sinnliche Praxis, die nicht auf Beherrschbarkeit des Materials, sondern auf dessen Erfahrbarkeit und Erkennbarkeit zielt – vor allem auch der Potenziale, die unter dem naturbeherrschenden Blick verloren gehen, die aber ein anderes Naturverhältnis der Gattung antizipieren könnten. Das ist die Kritik der Mimesis an herrschender Praxis. Zugleich ist in der Mimesis immer auch ein Moment von Anpassung enthalten, Anpassung aus Schwäche und aus der Unmöglichkeit, unmittelbar etwas außer ihr Seiendes zu bearbeiten. Doch könnte nicht hierin die List der Kunst bestehen? Kunst zum Vorwurf zu machen, die Welt nicht unmittelbar verändern zu können, verkehrt sich zum Einwand dagegen, dass sie die Welt erkennbar macht auf eine Weise, die Veränderung antizipiert, »alles so zu begreifen, daß wir eingreifen können«,[72] wie es bei Brecht heißt. Distanz in der Kunst ist die Voraussetzung, sich nicht der Welt gleichzumachen, sondern in ihr dem zu begegnen, was auf einen anderen Zustand als den jetzigen drängt. Dies wird aber nicht als leerer und abstrakter Utopismus proklamiert, der gewissermaßen neben der Welt steht, sondern an ihr selbst erfahren. Das erst hebt das gelungene Kunstwerk in den Stand einer konkreten Utopie. Man sollte jedoch weder die bloße Entgegensetzung zur Wirklichkeit noch den Verweis auf sie schon für eine Utopie halten. Das Utopische in der Kunst auszupinseln, tendiert zur Beschränkung. Meist zielt solche Praxis auf eine bloße Umkehrung der Bilder

unserer Welt. Doch ein solches spiegelbild-
liches Verfahren bleibt dem, wovon man sich
demonstrativ abwendet, noch verhaftet. Das
Gegenteil ist noch nicht per se das Bessere. So
kann man ausgehen von dem, was ist, um es zu
überwinden. Gleichzeitig entspringt auch die
Annahme, die Dinge würden für sich selbst
sprechen, selbst einem mythischen Denken in
der Moderne, das meint, alles Erkennen sei ein
Enthüllen, ein Abziehen von geistiger Aktivität,
von Deutung oder Idee. Hito Steyerl hat das
treffend formuliert: »Am mythologischsten ist
die dokumentarische Form ausgerechnet dort,
wo sie sich ganz dem Herzeigen blanker Fakten
und der Evidenz verschrieben hat.«[73] In der
Welt des Warenfetischismus kann sich Kunst
weder begnügen, eine vorgefertigte Utopie her-
zuzeigen, noch bloß die Welt vorzuführen und
dies zugleich als Wahrheitsereignis zu etiket-
tieren. Allein durch immanente Reflektiertheit
kann Kunst etwas entgegensetzen, durch ein
eigenes System von Zeichen und Bezeichnun-
gen. Die Welt im Kunstwerk zu konfrontieren,
heißt, sie noch einmal zu erschaffen, zu verdoppeln. In dieser Bewegung erscheint das
Nichtidentische der Verdopplung, die Utopie, es
wird gewahr, dass die Welt nicht bleiben muss,
wie sie ist, sondern dass eine andere Praxis möglich wäre. Es gibt eine Bemerkung von Adorno,

dass in der Form des Kunstwerks alle ungelösten Antagonismen, alle gesellschaftlichen
Kämpfe und Klassenverhältnisse wiederkehren.
Demnach kann in der Kunst nicht die Lösung
von Widersprüchen demonstriert werden, sondern ihre prinzipielle Lösbarkeit – und zwar
dadurch, dass sie in die Form eingehen und
dort einen Ausdruck finden. Das Ignorieren
der Realität und platter Utopismus erweisen
sich als gleichermaßen unergiebig. Und je mehr
das Kunstwerk die Realität nur als bloßes Fak-
tum in sich aufnimmt, sie die Tatsachen der
Welt nicht zu Tatsachen der Kunst macht, desto
weniger Realität ist in ihr enthalten.

Über die Wiedergabe der Realität in der
Kunst lohnt es sich, noch weiter nachzudenken.
»Die Lage wird dadurch so kompliziert, daß
weniger denn je eine einfache ›Wiedergabe der
Realität‹ etwas über die Realität aussagt. Eine
Photographie der Krupp-Werke oder der AEG
ergibt beinahe nichts über diese Institute. Die
eigentliche Realität ist in die Funktionale ge-
rutscht. Die Verdinglichung der menschlichen
Beziehungen, also etwa die Fabrik, gibt die
letzteren nicht mehr heraus. Es ist also tatsächlich ›etwas aufzubauen‹, etwas ›Künstliches‹,
etwas ›Gestelltes‹«,[74] schreibt Brecht. Er kritisiert die fotografische Wiedergabe, weil sie nur
detailgetreu die Oberfläche reproduziert, nicht

aber auf die Vorgänge hinter den Vorgängen abzielt. Allein die Reproduktion des sinnlichen Eindrucks führe nicht zum Wesen, sondern würde sich in all den schalen Abstraktionen verlieren, die schon Hegel an der sinnlichen Gewissheit kritisierte. Wie in der Philosophie erst die Konfrontation mit dem Begriff die Eigenbewegung des Gegenstands erfahrbar macht, so sind in der Kunst die Konstruktion und der Formwille ein unabdingbares Moment des Mimetischen. Erst die Spaltung, die Trennung, erzeugt das Moment, das die Eigenständigkeit des Materials erfahrbar macht. Realität erscheint nur dort, wo sie konfrontiert wird mit etwas, das nicht sie selbst ist – oder präziser: das sie selbst ist im Modus des Anders-Seins. Es führt kein Weg zur Realität als der der Gestaltung, der Formgebung, was schon ein weitsichtiges Standhalten gegenüber dieser Realität ausdrückt. Verwirft also Brecht mit seiner Anmerkung den Begriff der Widerspiegelung? Oder erweitert er unser Verständnis von ihr? Brechts Kritik bezieht sich auf eine naive Vorstellung der Widerspiegelung, die nicht in der Lage ist, ihrem Phänomen gerecht zu werden. Er spricht von den »besonderen Spiegeln«[75] der Kunst. Ihm zufolge ist Widerspiegelung eben nicht als Abbildung, sondern als Dialektik der Entgegensetzung und der

Trennung zu begreifen. Das führt zu einer neuen Einheit von Spiegelndem und Gespiegeltem im Kunstwerk selbst, wie auch Hans Heinz Holz bemerkte, der einst den exakten Gebrauch der Metapher der Widerspiegelung einforderte.[76] Denn die von Brecht kritisierte ›einfache Wiedergabe der Realität‹ steht durchaus in einer Beziehung zur Realität, nur in einer schlechten. Man könnte sagen, dass die ›einfache Wiedergabe‹ nicht begreift, *wie* sie zur Realität steht und *wie* sie diese widerspiegelt – es ist ihr nicht bewusst. Walter Benjamin drückte den Gegensatz einst so aus: »Der Künstler macht ein Werk. Der Primitive äußert sich in Dokumenten.«[77] Ein Werk reflektiert durch seine Gestalt die eigene Zeit. Ein Dokument *ist* seine Epoche, weil es nichts entgegensetzt. Ein künstlerisches Produkt steht immer in Bezug zu den eigenen Bedingungen, es kommt darauf an, ob dieser Weltbezug gestaltet ist oder nicht. Und das entscheidet darüber, ob der Spiegel – und sei es ein Zerrspiegel, der die verzerrte Welt zur Kenntlichkeit entstellt – scharfe Bilder zeigt oder blind ist. Benjamin kritisiert den Primitivismus der Moderne, den positivistischen Irrglauben, dass die Form das Unwesentliche sei, die den Blick auf das Wesentliche verdecke. Das Werk aber schafft durch die Form eine in sich vermittelte Unmittelbarkeit. Die Vermittlung ist nicht der Umweg oder gar Abweg. Sie ist das, was sowohl die Wirklichkeit zur Erscheinung bringt, als auch den Überschuss über diese markiert. Aus der einfachen Wiedergabe lässt sich unmöglich ein realistisches Programm für die Kunst gewinnen.

Kunst kann unmöglich gänzlich ohne Bezug zur Realität sein, und die Form ist zentral für das Bewusstsein der Stellung zu derselben. »Es gibt keinen Realismus, in dem die Form unsichtbar ist, die Form ist in jeder tatsächlich realistischen Literatur spürbar anwesend, und also auf irgendeine Weise: künstlich«[78], so der Dramatiker Wolfram Lotz. Der Realismus ist als dialektischer Begriff in seiner doppelten Opposition gegen Naturalismus und Formalismus zu verstehen, also zum einen gegen die bewusstlose Abbildung der Welt und zum anderen gegen die ebenso bewusstlose Anwendung der Kunstmittel als Selbstzweck. In der Zurückweisung dieser jeweils abstrakten, weil nur eine Seite des Gegensatzes festhaltenden Opposition steht der Realismus schon auf einer höheren Ebene. Er bezeichnet nicht einen Stil neben anderen, zielt er doch auf die Begründung einer Methode, mit deren Hilfe man der Realität überhaupt beikommen kann und deren Stile außerordentlich viele Ausprägungen annehmen. Der Zweck des Realismus, das ist das Paradox, ist nicht die Realität selbst oder ihre möglichst lückenlose Darstellung. Nicht das Vorhandensein von Realität ist von Interesse, sondern die Haltung, die man ihr gegenüber einnehmen kann. Es gibt keinen Blick, den man unbeteiligt auf den Bruch in der Welt werfen könnte – oder zumindest wäre dieser keinesfalls realistisch. Das kann er erst sein, indem er im Feld des Konflikts selbst eine Position einnimmt. In diesem Einlassen auf den Widerspruch kommt das Subjektive als Haltung überhaupt erst zur Geltung. Realistische Kunst ist, wie Peter Hacks schreibt, »interpretierte Darstellung der Wirklichkeit«. Die »Differenz zwischen der Wirklichkeit und ihrer künstlerischen Reproduktion ist die Stelle, wo Form statthat«, und diese sei, so Hacks, das hauptsächliche Politikum am Kunstwerk, insoweit es sich dabei um die Objektivierung der künstlerischen Subjektivität handle.[79] Beim Realismus geht es also nicht um das Abziehen des Subjektiven, um das Allgemeine zur Geltung kommen zu lassen. Weder auf der Ebene der Mittel noch auf der Ebene der Zwecke vermag ein künstlerischer Realismus irgendwelche Vorgaben zu machen, aber er beharrt darauf, dass es zwischen diesen einen bewussten Zusammenhang geben kann. Das konfrontiert uns mit der wahrhaft radikalen Frage, ob die in der Kunst vorgeschlagene Haltung am Ende der Wirklichkeit weitaus angemessener sein könnte als jedes Verhalten, das die Wirklichkeit mit ihren Gesetzen zulässt. Daran hätte sich die Kunst zu messen, egal ob sie für sich reklamiert, realistisch zu sein oder nicht. Müsste man aber doch ein Programm des Realismus formulieren, so wäre es neben der Bemerkung von Lotz, dass Realismus »eben nicht eine bestimmte Form der Darstellung, sondern ein unbedingtes INTERESSE FÜR DIE WIRKLICHKEIT«[80] meine, außerdem die Sentenz von Hegel, die Brecht über seinem Schreibtisch angebracht hatte: »Die Wahrheit ist konkret.« Konkret nicht im Alltagssprachgebrauch als vermeintliche Fülle dessen, was vor Augen liegt, sondern als der Versuch, das Wesentliche des Sinnlichen im Begriff aufzuheben und zu verdichten. Dieses Verdichten dürfte – wie es wohl auch Brecht meinte – als ausschlaggebend für die künstlerische Arbeit verstanden werden. Die künstlerische Subjektivität muss sich dabei nicht durchstreichen, sondern kann sich mit der eigenen Haltung in der Form objektivieren und so zum Besonderen erheben. Auf diese Weise geht das Werk über die Abstraktionen des Allgemeinen und des Einzelnen hinaus, die jeweils die konkrete Wahrheit vernachlässigen. Das Besondere erweist sich zudem als das Universale, weder als die Subjektivität ausschließende Allgemeinheit noch die Objektivität ausschließendes Einzelnes. Der Ort des Universalen ist nicht der *common sense*, es ist an den Rändern des Allgemeinen zu suchen. So sind wir auf eine weitere Bedeutung des Ausspruchs von der Konkretheit der Wahrheit gestoßen. Sie ist nicht überall, sie ist nicht das, was allerorten gleich ist, sondern sie ist genau dort, wo die Welt als radikal veränderbar erfahren wird, also ein wahrhaft realistischer Umgang mit ihr stattfindet. Und so erstaunt es kaum, dass am Ende der Frage nach dem Realismus die Schlussfolgerung steht, dass die Realität eben nicht alles ist, sondern in der Anerkennung ihrer Eigenständigkeit auch ein Überschuss entsteht, der ihre umfassende Veränderbarkeit antizipiert.

Wie kann man den Überschuss der Kunst über die Realität begreifen? In der Moderne haftet einem solchen Überschuss der Verdacht des überholten metaphysischen Denkens an, das abzuschaffen sei. Die Verfallsform der Metaphysik ist die Mystik, die im grenzenlosen Gefühl der Einheit schwelgt. Wenn im Folgenden vom Metaphysischen die Rede ist, dann nicht im Sinne einer Welt, die neben oder hinter der physischen existieren würde. Metaphysisch sind nach Hegel vielmehr jene Widersprüche in den Dingen selbst, die sich an der Grenze des Selbstbewusstseins des menschlichen Geistes zeigen. Wenn man den Befund von Quentin Meillassoux hinzunimmt, dass in der Philosophie das antimetaphysische Denken von Nietzsches Umkehrung über Wittgensteins Beschränkung des Sinns bis Derridas Dekonstruktion vor allem die Unlösbarkeit dieses Problems demonstrierte,[81] so kann man schlussfolgern, dass es sich bei der Metaphysik mitnichten um eine falsche Dimension des Denkens handeln kann, sondern um Probleme, die dem Denken und den Gegenständen inhärent sind. Wo immer das Metaphysische vertrieben schien, kehrte es zurück im Zeichen seiner nicht gelösten Frage. Dass zum Beispiel die Sprache als ein Träger universeller Bedeutung dekonstruiert und als eine vermeintliche ideologische Illusion des Westens, weißer Männer oder liberaler Ideologie demaskiert wurde, hat nicht widerlegen können, dass sie unter bestimmten Umständen eben nicht nur ein Element der Ordnung und der sozialen Macht ist, sondern durchaus ein Träger von überindividueller Bedeutung sein kann, wenn es eine soziale Praxis gibt, die dieses Universale konstituiert. Es kommt noch eine andere Eigentümlichkeit hinzu, die die Frage der Metaphysik unausweichlich macht: der Charakter der Realität selbst. Die Annahme, dass Metaphysik unmöglich sei, basiert auf der Vorstellung einer in sich geschlossenen Realität, die alles, was auf etwas außer ihr Liegendes verweist, als bloße Illusion begreift. Wenn aber, wie Slavoj Žižek schreibt, die Realität eben nicht alles, sondern sogar weniger als nichts ist? Wenn nicht unser Wissen über die Realität, sondern diese selbst unvollständig ist?[82] Wenn die Realität nicht alles ist, dann ist auch das Absolute nicht das Zeichen ihrer Geschlossenheit, sondern im Gegenteil das ihrer radikalen Offenheit, ihrer konstitutiven Unabschließbarkeit. Nur wenn das, was ist, nicht alles ist, lässt sich das, was ist, ändern – so müsste man also Adornos Satz »Nur wenn, was ist, sich ändern läßt, ist das, was ist, nicht alles« paraphrasieren, welchem er hinzufügt: »Die metaphysischen Interessen der Menschen bedürften der ungeschmälerten Wahrnehmung ihrer materiellen.«[83] Das metaphysische Moment rechtfertigt nicht die gesellschaftliche Ordnung, es stellt sie in ihrer Gesamtheit infrage. Wenn es etwas gibt wie das »sinnliche Scheinen der Idee« (Hegel) in der Kunst, dann nicht als Garant einer prästabilierten Harmonie, sondern als Idee der Veränderbarkeit der Welt als solcher.

Kunst und Philosophie können zeigen, dass das, was ist, nicht alles ist. Warum sollte man

Kunst oder Philosophie sonst betreiben, wenn sich in ihnen nicht das Bedürfnis ausdrückte, dass etwas Besseres möglich wäre. Deswegen ist die Frage nach der Begründung, nach dem *Warum*, auch so entscheidend. Wo sollte die Frage nach dem Grund ernsthafter beantwortet werden können als dort, wo geistige Freiheit zum Prinzip erklärt ist – im Kunstwerk? Alain Badiou beschreibt in seinem *Dritten Entwurf eines Manifests für den Affirmationismus* die dialektische Idee als eine immanente Ausnahme. Sie ist keine Erscheinung aus dem Jenseits, sondern das Zeichen der Unmöglichkeit der Schließung der Realität, ihres Identischwerdens im Namen der Herrschaft. Das Kunstwerk kann man sich als ein säkularisiertes Wunder vorstellen, es bringt die Idee der immanenten Ausnahme zur Erscheinung. Das ist ein streng stofflicher Vorgang, es handelt sich nicht um Mystizismus, sondern um einen Akt der Produktion. Der aber unterscheidet sich von der uns sonst bekannten Produktion, die nur auf Profit und Effizienz zu achten gewohnt ist. Es ist ein anderer Umgang mit dem vorgefundenen Material. Die Ausnahme basiert nicht auf dem Ausschluss von Welt, sondern geht im Gegenteil durch ihre mannigfaltigen Erscheinungen hindurch. Was für jedes Denken in Bezug auf die Stellung zur empirischen Welt gilt, ist auch für die Kunst zu konstatieren: »Wirf weg, damit du gewinnst.« Nur indem man sich an das sinnliche Material verschwendet, man sich wegwirft, sich symbolisch verausgabt, wird überhaupt die Kontur einer neuen Idee ersichtlich. Für Badiou steht die Kunst vor der Aufgabe, eine »neue sinnliche Abstraktion« zu erfinden, die Kunst »muss ebenso solide sein wie eine Beweisführung, muss ebenso überraschend sein wie ein nächtlicher Angriff und sie muss ebenso hoch stehen wie ein Stern«,[84] damit sie eine Beziehung zur Wahrheit unterhalten kann. Nur so vermag sie, alle Ideologie zurückzuweisen und der Defetischisierung der Welt Vorschub zu leisten. Und zwecks der Entfaltung dieses Potenzials ist es so wichtig, sich über die Selbstverortung des jeweiligen Kunstwerks Rechenschaft abzulegen. Die Ideologie unserer Tage besteht vor allem in der Behauptung, dass das Individuum keine andere Existenzweise haben könne als auf dem Markt, auf dem es seine Arbeitskraft zum Verkauf anzupreisen hat. Dass alle Probleme letztlich mangelnder Anpassung an den Markt entsprängen und dementsprechend durch den Markt gelöst werden könnten. Und dass es nur diese vereinzelten Einzelnen gebe, nur Körper, die ihre eigenen Sprachen pflegten, in ihren Narrativen lebten, ihre Performance verbesserten, ihre Emotio-

nen reinigten. Die ideologische Form schlechthin ist der Einzelne, der in Abwesenheit einer
Idee und in Bezug auf den vergöttlichten Markt
sowie die kapitalistische Alltagsreligion zu
leben gezwungen ist. Dieser Einzelne ist die
Beschränkung in sich. Er unterwirft sich selbst,
sein »inneres Proletariat« (Luise Meier). Jeder
auf eigene Faust nach seinen schon im Voraus
begrenzten Möglichkeiten, so die liberale Ideologie, aber diese darf man keinesfalls überschreiten und an dem scheinbar Unmöglichen
rühren. Man wird seine Wünsche nicht mehr
wünschen können, weil die einzige Instanz, die
dafür verantwortlich zeichnet, man selbst ist –
und niemand verbietet so streng wie man
selbst. So ist wohl der berühmte Ausspruch
von Lacan zu verstehen, dass wenn Gott tot ist,
nicht alles erlaubt, sondern alles verboten sei.
Das fasst den repressiven Charakter einer Gesellschaft, die nichts anderes als atomisierte,
marktvermittelte und in Konkurrenz stehende
Individuen zu kennen vorgibt, die alle nur für
sich sprechen und handeln können, treffend
zusammen. Die Beschränktheit des Subjekts
spiegelt die Macht des Kapitals und die Verein-
zelung der Menschen wider. Diese Form der
Subjektivität, Objekt und Produkt der neoliberalen Bio- und Psychopolitik, ist die ideologische Erscheinungsform dieser Gesellschaft –

und nicht die Vollendung der Freiheit. Erst durch die Negation hindurch könnte sich Freiheit realisieren. Die Ideologie hingegen setzt das Subjekt als schlechthin Positives, das somit aber in der Beschränkung gefangen ist. Das Tabu liegt über dem Widerspruch, der Negativität und der Selbstüberschreitung, in denen das Potenzial der Veränderung liegen würde. Dieses entspringt nicht dem Subjekt allein, in der Psychoanalyse braucht es den als allwissend imaginierten Analytiker, damit man erfassen kann, was man schon weiß, wenn auch nicht bewusst. Das ist der Modus der Übertragung, des Als-ob. Das Als-ob ist im Theater Bedingung seiner Wahrheitsfähigkeit. Dadurch kann das Subjekt mit einer in ihm schon anwesenden Andersheit in Beziehung treten, das eigene Wissen und Begehren realisieren. Wenn aber eine Inszenierung wie *Atlas des Kommunismus* (2016) von Lola Arias, in der die Darstellerinnen verschiedenen Alters Geschichten aus ihren Leben erzählen, die mit ihren losen Bezugspunkten aus sozialistischen Staaten der Vergangenheit und linker Politik der Gegenwart als Utopie nichts weiter anzubieten hat als das, was sowieso der Fall ist, nämlich die Mannigfaltigkeit alles Lebendigen, die Unterschiedlichkeit der Körper, die Vielfalt der individuellen Erzählungen, die Relativität der

Standpunkte, so können wir diesen herzzerrei-
ßenden Humanismus nur als eine Mystifizie-
rung der Verhältnisse ansehen, weil weder in
Form noch Inhalt eine Überschreitung der Realität zu erkennen ist. Die Inszenierung ist in
ihrer Vervielfältigung der Perspektiven durchaus nicht uncharmant. Doch zieht sie sich –
und das ist exemplarisch – auf den Standpunkt
einer neuen Ontologie zurück, einer Vielfalt
des Seienden, die nur noch zur Sprache oder
zur Darstellung kommen müsste, um die Utopie zu realisieren. Das missachtet, dass es das
unabgeschlossene Sein selbst ist, das nach einer
es übersteigenden Wahrheit verlangt, die nicht
in ihm selbst zu finden wäre. Zugleich aber
lässt man die bestehenden Verhältnisse un-
angetastet und versöhnt sich auf falsche Weise
mit ihnen. Es fehlt die Triebkraft der Negativität. Die aber lauert sowohl am Grund des Subjekts als auch in der Idee des Proletariats, das
negative Selbstverhältnis speist die Vision.[85]
Ohne dies läuft es maximal noch auf Kapitalismus mit menschlichem Antlitz hinaus, hat aber
wenig mit der Utopie gemein, die den Namen
Kommunismus trägt. Nichts darin zeigt uns
eine Idee des Kommunismus, die den hellen
Schein hat, nach dem sich, wie es Walter Benjamin ausdrückte, alles Seiende und Gewesene
wie heliotrope Gewächse ausrichtet, die Idee der

Erlösung als säkulares Ereignis. Eine ähnliche Formulierung gibt es von Adorno. Was er über die Philosophie in Zeiten der Verzweiflung sagte, wäre aufs Ästhetische zu übertragen: Kunst hat kein Licht als jenes, das von der Erlösung her auf die Welt scheint.[86] Dieser Vorgriff aufs Utopische gelingt nur vermittels der Form. Nicht Versöhnung soll gezeigt werden, sondern mögliche Versöhnbarkeit des aktuell Unversöhnten. Im Kunstwerk selbst findet Konflikt statt. Dieser Konflikt kann alles enthalten. Politik und Liebe, Geist und Leben, Körper und Text, Realität und Idee. Erst das Theater, das sich traut, die ganze Welt in ihren Widersprüchen unter einen solchen Maßstab zu stellen, wird die Idee als sinnliche auf die Bühne bringen können. So kann begehrt werden, was das Subjekt sich selbst nicht zu erlauben gestattet, die Kunst weist den Weg zu dem eigenen Begehren. Dieses Begehren, in dem Wahrheit und Schönheit aufeinandertreffen, ließe sich politisch und utopisch zugleich nennen, also kommunistisch. Die Kunst kann es sinnlich erfahrbar machen, indem sie es gleichzeitig versagt. Auf diese Weise wird das Begehren kultiviert als verwehrendes Zurschaustellen. Das ist der obszöne Vorgang der Kunst, ihre aufreizende und zugleich verweigernde Seite. »Kunstwerke sind asketisch und schamlos, Kulturindustrie ist pornographisch und prüde«,[87] heißt es in der *Dialektik der Aufklärung*. Alles muss sichtbar sein, und mehr als das kann es nicht geben, sagt die positivistische Pornografie als Signum unserer Zeit. Aber es geht nicht darum, alles zu zeigen, sondern mehr als das, was ist, begehren zu können. Darin besteht die grundsätzliche Differenz, wie man sich zu dem Vorgefundenen verhalten kann. Wenn also nach Bini Adamczak revolutionäre Politik die vorgefundenen Bedingungen politisiert, so poetisiert die Kunst dieselben – eine Politik der poetischen Einbildungskraft.[88] Theater, das daran arbeitet, hätte sich vor dem Kitsch wohl kaum zu fürchten. So beschwört *Glauben an die Möglichkeit der völligen Erneuerung der Welt* (2019) von Pollesch und Hinrichs am Ende einen solchen Moment mit künstlichem Sternenhimmel und Popmusik. »Nur Gefängniswärter haben etwas gegen Eskapismus«, ruft Hinrichs. Die Wahrheit dessen ist: Jede Kunst, die nur argwöhnisch darüber wacht, bloß nicht in die Nähe des Kitschs zu geraten, vertraut den eigenen Mitteln nicht, die entrückend und beglückend, lockend und angstlösend zugleich sein können. Die Möglichkeit, eine Idee zu begehren, welche die Welt übersteigt, erscheint im Kunstwerk. Es lässt uns zugleich eine Welt erahnen, die für die Menschheit zu gebrauchen ist, als Quelle des Glücks und nicht nur zur Vermehrung von Kapital – eine Welt, in der nach Brecht »gehören soll, was da ist, denen, die für es gut sind«. Die Kunst entzieht sich der Logik des Tauschwerts, die alles nivelliert. Gerade deswegen steht sie für den Glauben, dass eine völlige Veränderung der Welt möglich ist. Sie selbst forciert den Widerspruch, sie verhält sich, *als ob* es möglich wäre – und fordert somit auf, das eigene Leben so einzurichten, als ob es möglich sei. »Alle Künste tragen bei zur größten aller Künste, der Lebenskunst.«[89] Die Fragen der Metaphysik sind nicht erledigt, bloß vergessen. Den einst in der Religion artikulierten Problemen nicht auszuweichen, sondern sie selbst lösen zu wollen, heißt, in einer Welt ohne Götter wahrhaft modern zu sein. Die Kunst fragt nach dem Leben vor dem Tod. Und wie es gesellschaftlich einzurichten sei. Schlechtes Leben fürchtet sie mehr als den Tod, wie Brecht es ausdrückte, und damit ist sie über den Tod als der vollendeten Anti-Utopie schon ein wenig hinaus. Das Metaphysische der Kunst kippt in den Materialismus und die Weltgeschichte. Das »gottlose Gebet der Poesie« (Ernst Bloch) zeigt uns nicht, wie es werden wird, aber es kann uns zeigen, was wir zu hoffen wagen dürfen, wenn wir zugleich wagen, es gesellschaftlich zu verwirklichen.

Schluss. Zur Erneuerung der Idee des Theaters

Wie alle Bereiche des Lebens ist auch die Kunst im Allgemeinen und das Theater im Speziellen heute tief verstrickt in die gegenwärtige Ordnung und deren Krise. Aus dieser Verwicklung kann nur Selbstaufklärung hinausführen. Vom tödlichen Theater befreit dessen Kritik. Die aber ist kein Angriff auf die Kunst, sondern Versuch ihrer Rettung. »Daß Bewußtsein töte, ist ein Ammenmärchen; tödlich ist einzig falsches Bewußtsein.«[90] Die Ablehnung der Kritik und die Hinwendung zum Mystizismus befördern nur die gegenwärtige Misere, in die sich auch die romantische Weltflucht fügt. Panikartig alles über den Haufen zu werfen oder sich mit dem Status quo zu arrangieren, nur weil dessen Krise wenig sympathische, sprich reaktionäre Oppositionsbewegungen befördert, ist weder politisch noch künstlerisch angezeigt. Es ist wie in Brechts Keuner-Geschichte, in der Herr Wirr – der Name ist Programm – sich als großer Gegner der Zeitungen bekannt und deren Abschaffung fordert. Brecht lässt Keuner antworten, dass er ein größerer Gegner der Zeitungen sei, er wolle nämlich andere, also bessere Zeitungen statt keine. »›Alles kann besser werden‹, sagte Herr Keuner, ›außer dem Menschen.‹«[91] Nicht moralisierendes Abqualifizieren, sondern einen besseren Vorschlag zu machen, ist das Gebot der Stunde. Das gilt auch für das Theater. Statt sich in dem vorherrschenden »romantischen Formalismus« (Badiou) einzurichten, der zugleich das Theater abschafft, gilt es, ein ästhetisches Universum zu erobern und eine Idee zu retten. Das Programm, das auf diesem Wege liegt, besteht noch immer in der Austreibung der Naivität aus der Kunst, um ihren aufgeklärten Gebrauch möglich zu machen. Wenn wir nach Bruno Latour nie wirklich modern gewesen sind, so ist das zu begreifen als eine immerwährende Aufforderung, es doch zu werden. Die erneuerte Idee des Theaters würde sich auf die dann doch gar nicht so neue, aber ungebrochen moderne Idee beziehen, dass in der Kunst eine Wahrheit erscheinen kann, die über die Grenzen der Verhältnisse hinausweist. Diese Idee drückt nicht nur das Sein, sondern auch das Noch-nicht-Sein, das Mögliche, aus. Das Theater hat dieses Potenzial, auch wenn es oft einen anderen Anschein hat. Und manchmal könnte man geradezu den Eindruck gewinnen, dass so manches getan wird, um diesen falschen Anschein zu verfestigen. Bei Brook findet sich eine wunderbare Illustration dieses Dilemmas: In längst vergangenen Zeiten, vor der Erfindung des Rades, hätten Sklaven in Mittelamerika Steine die Berge hinaufgeschleppt, während die Kinder der Sklavenhalter ihr an einem Faden befestigtes Spielzeug auf Rollen hinter sich herzogen. Jahrhundertelang habe man die Verbindung zwischen beiden nicht herstellen können. So sei es auch mit dem tödlichen Theater. Wenn die Leute es mögen, könne man natürlich nichts dagegen einwenden. Aber ist ihnen überhaupt bewusst, dass dieses Theater wie das Spielzeug, wie dieses Rad ist, das Welten in Bewegung setzen könnte?[92] Es ist an der Zeit zu überlegen, ob das Theater nicht mehr sein könnte als ein bloß schönes oder nützliches Spielwerk.

Die Erneuerung der Idee des Theaters kann nicht eine der Moden sein, die sich auf einen Aspekt stürzt und diesen dann weihevoll zum Nadelöhr des Fortschritts erklärt. Sie kann nicht weniger sein als die Bemühung um die Wiedergewinnung seines elementaren Sinns: der gespielten Welt als eines anderen Weltentwurfs. Welche Mittel, erprobte oder neue,

dafür brauchbar sind, wird nur der Versuch erweisen, keine Vorabauslese. Zugleich dürfte
sicher sein, dass sowohl die Fülle und die Ver-
schiedenheit der Mittel als auch die Konsequenz
in deren Anwendung und Weiterentwicklung
einen solchen Versuch unterstützen und befördern. Letztendlich kommt es vor allem auf
den Gebrauch an – im Theater und in der Welt.
Alles, was ist, könnte einem anderen Zweck zu-
kommen als dem herrschenden. Und den herrschenden Verhältnissen die Mittel zu entringen,
die zur Emanzipation dienlich sein können, erweist sich als Maulwurfsarbeit unserer Tage. Es
ist hingegen keinesfalls sinnvoll, in einen mo-
ralischen Rigorismus zu verfallen, der immerzu rät, von diesen Mitteln Abstand zu halten,
weil sie in den Händen derer zur Blüte entwickelt wurden, die die Sache der Emanzipation
weder zu einem glücklichen Abschluss bringen
konnten noch wollten. Für das Vorhaben, das
den gesellschaftlichen Reichtum des Lebens für
alle zugänglich machen will, darf es keine Ar-
mut an Kunstmitteln geben. Für das Theater,
gerade wenn es sich als politisch versteht, ist es
nicht sinnvoll, sich um der lieben Abgrenzung
willen in Verzicht zu üben. Politik wird damit
auf die habituellen Spiele der Distinktion reduziert. Für die Kunst kann die Realität nur Material sein, nie Maßstab. Den Maßstab hat sie

in sich, muss sie aus sich heraus selbst setzen. Aus der Krise wird sich das Theater nur befreien können, wenn es selbstbewusst die eigenen Mittel einsetzt, um einen Vorschlag zur Humanisierung der Welt zu unterbreiten.

Bekanntlich zog Marx die Werke Shakespeares denen Schillers vor, obwohl der deutsche Dramatiker als der weitaus politischere der beiden gilt. Doch der Eindruck täuscht. Es ist, wie Erich Auerbach in *Mimesis. Dargestellte Wirklichkeit in der abendländischen Literatur* schreibt, »nur zu bedauern, daß Schiller viel genauer wußte, wogegen als wofür er kämpfte; und daß man leicht [...] den Eindruck gewinnt, als wäre alles gut, wären nur einige führende Personen keine Wollüstlinge und Schufte, sondern anständige Menschen«.[93] Shakespeare stellt eine Welt infrage, Schiller nur einen Teil von ihr – und dann auch nur auf der Ebene der individuellen Gesittung. Je kleinlicher und äußerlicher das Politische über die Kunst verhängt wird, desto ähnlicher erweist es sich mit herrschender Ideologie. Zugleich führt es nicht zu gelungener Kunst, die sich in ihrer eigenen Gestalt artikuliert und dadurch überzeugt. Allein dieses künstlerische Formbewusstsein bewahrt das politische Theater davor, nur Ausdruck einer politischen Ideologie zu sein, sondern eine Veränderung des gesellschaftlichen

Lebens zum Besseren für alle auf den Schild zu heben. Verbunden ist eine solche Veränderung mit der Kritik der bestehenden Verhältnisse. Was aber ästhetisch nicht gelingt, kann auch Gesellschaftskritik nicht zur Form erheben, es produziert nur kraftlose Bilder einer schlechten Opposition, die in ihrer Fadheit geradewegs wieder in die Arme des Bestehenden führen. Opposition, die unter ihrem Gegenstand bleibt, läuft über und wird zur Stütze des nur vorgetäuscht Kritisierten. Schlechte Kunst schlägt auch schlechte Politik vor. Die Form ist das Kriterium des Politischen, wie Peter Hacks es formulierte: »So ist alle Kunst kritisch, selbst die kritische, bei der freilich die inhaltliche Opposition zu leicht die poetische überlagert. Gerade die allgemeinsten Züge des künstlerischen Tuns – das Vermenschlichen des Stoffs, das Erzeugen von Nichtgewesenem, das Befolgen selbstgegebener Gesetze, das In-den-Griff-Kriegen des Störrischen und Stimmigmachen des Widerstreitenden – bewirken das Interesse, das die Menschheit nicht aufhört, an der Kunst zu nehmen: als an dem Vorschlag eines unentfremdeten, produktiven, freien, bewältigten, durch gegenwirkende Interessen nicht mehr entzweiten Lebens. Indem Kunst Unbefriedigendes auf zufriedenstellende Weise abbildet, ist sie selbst das entzeitlichte Abbild des Verhältnisses von Aufgabe und Lösung.«[94] Das ist die Arbeit der Poesie, auf die wir im Sinne einer radikalen Idee von Kunst unmöglich verzichten können – zugunsten des scheinbar Unmöglichen.

So könnte das Theater zu einer Freiheit gelangen, die einer Souveränität im Sinne Georges Batailles entspräche. Wahre Souveränität, so Bataille, zeigt sich nämlich in der Verausgabung, dem Geben, ohne zu nehmen. Die Herrschaft mittels der Dinge ist nur die entstellte Form der Souveränität. Es ist offensichtlich, dass die souveränen Gesten in unserem Leben einer existenziellen Bedrohung ausgesetzt sind. Das Warenförmigwerden aller sozialen Beziehungen untergräbt die Souveränität jedes Einzelnen. Ganz abgesehen von den großen Fragen des Lebens: Schon einen Fremden mit dem Auto mitzunehmen, einer Freundin die Wohnung zur Verfügung zu stellen oder zu verschenken, was man nicht mehr braucht – für all das ist mittels perfekter digitaler Logistik inzwischen ein Nehmen üblich geworden. Alles wird in die Verwertung einbezogen. Auch die Kunst ist davon nicht nur bedroht, sondern schon längst erfasst. Als Gegenwert für den gezahlten Eintritt wird eine Darbietung erwartet, mit der das ›Publikum abgeholt‹ wird, womit man ›etwas anfangen‹ kann – und das entsprechend

harmlos ist, weil es in den streng reglementier-
ten Formen des Warentauschs bleibt. Doch gegen diese Form der kapitalistischen Nützlichkeit könnte ein Theater Einspruch erheben, das
sich zu verschwenden bereit ist, das sich dem
Geist und der Sinnlichkeit hingibt. Und das
uns eine Idee schenken will, die sich einer unmittelbaren Anwendung entzieht, aber über die
Immanenz des gesellschaftlichen Lebens hin-
ausstrahlt. Es ist zugleich offensichtlich, dass
ein solches souveränes Theater niemals eines
der subjektiven Ironie sein kann, des nach alle
Seiten Abstand wahrenden Hochsicherheits-
theaters der distanzierten Parodie, das immer
nur bei sich bleibt, weil es die wahre Begegnung scheut. Verausgabung kann nicht iro-
nisch sein, das souveräne Theater wird diese
Scheu vor der Welt abschütteln müssen, weil es
nicht nur den Status quo bestätigen, sondern
Erfahrungen ermöglichen möchte.

Der Schritt aus dem Zeitalter der leerlaufen-
den Selbstreferenz, der schalen Ironie, der
wohlfeilen Empörung und der Entgeistung
der Künste hin zu einer neuen Idee könnte zunächst auch etwas unbeholfen aussehen. Jede
Bewegung hat ihre Kinderkrankheiten, jedem
ersten Schritt, auch dem aus der Misere, haftet
etwas Unsicheres an, wie es David Foster Wallace einmal beschrieben hat. Möglicherweise

wird es ein »schräger Haufen von *Anti*rebellen«
sein, »die sich irgendwie trauen, vor dem ironischen Schauen zurückzuscheuen, die die
kindliche Unverfrorenheit mitbringen, allen
Ernstes eindeutige Prinzipien aufzustellen und
zu verfechten«, so Wallace. »Die neuen Rebellen könnten Künstler sein, die Gähnen, Augen-
verdrehen, cooles Grinsen, Ellenbogenknuffe
und die Parodien begabter Ironiker riskieren,
das ›Ach, wie *banal*!‹«[95] Man wird sich im Zuge
einer Erneuerung der Idee des Theaters nicht
auf die Urteile des Betriebs und der professio-
nellen Kritik verlassen dürfen, die sich in ge-
genseitiger Selbstbestätigung trotz der Krise
schon heute allzu einig sind. Das Wagnis wird
darin bestehen, sich weder von den eingeschliffenen Floskeln und Phrasen einschüchtern
noch beruhigen zu lassen. Nur wenn versucht
wird, die Frage nach dem Warum des Theaters
zu beantworten, wird das Theater sich aus seiner Krise befreien können. Sie ist nicht das Resultat mangelnder Anpassung. Im Gegenteil:
Unter der Oberfläche des kritischen Diskurses
ist das Theater viel zu angepasst. Das betrifft
gerade auch jene Erscheinungen, die sich als
progressives Gegenstück zu einem antiquierten,
konservativen Theater verstehen. Das Ungenü-
gende dieser unfruchtbaren Opposition ist das
beschränkte Verständnis des Fortschritts, wel-

ches damit einhergeht. Es führt zu kraftlosen Beschwörungsformeln auf der Bühne, erbauliche Ansprachen für ein schon längst – vor allem von sich selbst – überzeugtes Publikum. Solange es unter den herrschenden Verhältnissen keinen universalen Fortschritt gibt, liegt der Ort des Universalen im Konflikt. Ihn ins Zentrum des Theaters zu stellen, heißt auch, dem Publikum zuzutrauen, zu seiner Lösung eigenständige Überlegungen anzustellen, Haltungen zu erproben und Urteile zu bilden. Die besten Leute werden von Konflikten angezogen, nicht von geschwätzigen Leerformeln über die vielfältigste aller Welten, in der wir angeblich schon leben würden.

Man wird für Erneuerung der Idee des Theaters unbedingt die Gesellschaft erforschen müssen, man wird sich über die Krise der Gesellschaft ebenso rücksichtslos Rechenschaft geben müssen wie über die des Theaters. Wie wollte man sonst zu überzeugenden Antworten kommen? Das Eingeständnis der Leere auf der Bühne und auch der Leere, die wir angesichts der dort stattfindenden Aufführungen zumeist empfinden, kann zu einer neuen Fülle führen, die auch ein neues, ebenso begeisterungsfähiges wie kritisches Publikum mit sich bringen wird. Vor einem rein schwelgerischen Einsatz der Mittel, der schon bekannten und der noch unbeachteten, ist mit den Worten Adornos zu warnen: »Aller kulturelle Reichtum bleibt falsch, solange der materielle monopolisiert ist.«[96] Doch nur dem Theater, das ohne falsche Rücksichten den Bereich des Möglichen im Ästhetischen abschreitet, wird auch die Idee zufallen, die Hegel noch das Schöne und das Wahre taufte und in der die Radikalität der Kunst und der Politik aufeinander verwiesen ist. Ein solches Theater wird nicht alles zeigen oder über alles informieren, es wird uns aber an die Grenze führen, an der sich die wirklichen Fragen unserer Zeit stellen und an der wir die uns gegebene Aufgabe realisieren sowie unser Wissen und unser Begehren erkennen können. Dann wird sich zeigen, dass das Theater längst den Traum von einer Idee besitzt, von der es nur das Bewusstsein besitzen muss, um sie wirklich zu besitzen.

Anmerkungen

1 Wolfram Lotz, »Über das Schreiben, und ja: fürs Theater. Hamburger Poetikvorlesung«, online abrufbar unter {www.nachtkritik.de/index.php?option=com_content&view=article&id=14561:die-hamburger-poetikvorlesung-des-dramatikers-wolfram-lotz&catid=53&Itemid=83}, letzter Zugriff am 28.12.2019.

2 Theodor W. Adorno, *Ästhetische Theorie*, in: ders., *Gesammelte Schriften*, Bd. 7, Frankfurt am Main 2003, S. 9.

3 Herbert Jhering, *Der Kampf ums Theater (1922)*, in: ders., *Der Kampf ums Theater und andere Streitschriften 1918 bis 1933*, Berlin 1974, S. 137.

4 Im Jahr 2010 geisterte die Frage zwar kurz durch die Feuilletons und Theatertreffen, ist aber inzwischen kein Thema mehr. Was wahrscheinlich auch daran liegt, dass es zu der damals geforderten Debatte erst gar nicht kam.

5 Peter Brook, *Der leere Raum*, Berlin 1983, S. 51.

6 Vgl. Hanns Eisler, *Fragen Sie mehr über Brecht. Gespräche mit Hans Bunge*, Darmstadt und Neuwied 1986, S. 25.

7 Fabian Hinrichs, »Rede über die Schauspielkunst«, online abrufbar unter {www.nachtkritik.de/index.php?option=com_content&view=article&id=1543

4:rede-ueber-die-schauspielkunst-der-fabian-hin
richs-denkt-als-alleinjurors-des-alfred-kerr-dar
stellerpreises-beim-berliner-theatertreffen-ueber-
seinen-berufstand-nach&catid=53&Itemid=83},
letzter Zugriff am 28.12.2019.

8 Aus Raoul Hausmann, Hans Arp, Ivan Puni und
László Moholy-Nagy, »Aufruf zur elementaren
Kunst«, in: *De Stijl* 4, Nr. 10 (1921), S. 156. Auf den
treffenden Ausspruch, der mir seit Jahren im Ge-
dächtnis geblieben ist, bin ich durch die Postkarte
einer Ausstellung von marke.6 in Weimar aufmerksam geworden, die ich in der WG-Küche von
Freunden gesehen habe.

9 Walter Benjamin, *Das Kunstwerk im Zeitalter seiner
technischen Reproduzierbarkeit. Dritte Fassung*, in:
ders., *Gesammelte Schriften*, Bd. I.2, Frankfurt am
Main 1991, S. 491.

10 Heiner Müller, »Ich glaube an Konflikt. Sonst glaube ich an nichts«, in: ders., *Werke*, Bd. 10: *Gespräche I*, Frankfurt am Main 2008, S. 187.

11 Heiner Goebbels, »Theater ist Erfahrung, keine
Mitteilungsform«. Interview mit Tim Gorbauch,
online abrufbar unter {www.heinergoebbels.com/
en/archive/texts/interviews/read/75}, letzter Zugriff am 28.12.2019.

12 Bernard von Brentano, *Kapitalismus und schöne
Literatur*, Berlin 1930, S. 23.

13 Alenka Zupančič, *Der Geist der Komödie*, Berlin
2014, S. 26.

14 Slavoj Žižek, *Lacan. Eine Einführung*, Frankfurt
am Main 2016, S. 40.

15 Michael Hirsch, *Logik der Unterscheidung. Zehn
Thesen zu Kunst und Politik*, Hamburg 2015, S. 41.

16 Dietmar Dath, »Schicksal, Sie übertreiben«, in:
Frankfurter Allgemeine Zeitung vom 7. Februar 2019.

17 Max Horkheimer und Theodor W. Adorno, »Diskussion über Theorie und Praxis«, in: Max Horkheimer, *Gesammelte Schriften*, Bd. 19: *Nachträge, Verzeichnisse und Register*, Frankfurt am Main 1996, S. 68.

18 Max Horkheimer und Theodor W. Adorno, *Dialektik der Aufklärung. Philosophische Fragmente*, Frankfurt am Main 2003, S. 133.

19 Karl Marx, *Das Kapital. Kritik der politischen Ökonomie. Erster Band*, in: Karl Marx und Friedrich Engels, *Werke*, Bd. 23, Berlin 1962, S. 85.

20 Ebd., S. 86 f.

21 Vgl. Georg Lukács, *Die Eigenart des Ästhetischen*, Berlin und Weimar 1981.

22 Horkheimer/Adorno, *Dialektik der Aufklärung*, S. 142.

23 Vgl. Mark Fisher, *Kapitalistischer Realismus ohne Alternative?*, Hamburg 2013.

24 Wolfgang Ullrich, *Siegerkunst. Neuer Adel, teure Lust*, Berlin 2016, S. 147.

25 Adorno, *Ästhetische Theorie*, S. 32.

26 Ebd., S. 372.

27 Ebd., S. 317.

28 Vgl. ebd., S. 366.

29 Theodor W. Adorno, »Marginalien zu Theorie und Praxis«, in: ders., *Kulturkritik und Gesellschaft II*, Frankfurt am Main 2003, S. 778 f.

30 Vgl. Alain Badiou, *Beckett. Das Begehren ist nicht totzukriegen*, Zürich und Berlin 2006.

31 Vgl. Gerhard Scheit, »Becketts Endspiel und King of Queens«, in: Karin Lederer (Hg.), *Zum aktuellen Stand des Immergleichen. Dialektik der Kulturindustrie – vom Tatort zur Matrix*, Berlin 2008.

32 Das konnte man aus dem Vortrag von Andreas Engelhardt, gehalten auf der Konferenz »Die Zu-

kunft des Dramas« vom 26. bis 28. Januar 2017 im Literaturforum im Brecht-Haus Berlin, folgern.

33 Georg Wilhelm Friedrich Hegel, *Phänomenologie des Geistes*, in: ders., *Werke*, Bd. 3, Frankfurt am Main 1986, S. 74.

34 »Ich habe mich noch nie so unfrei gefühlt wie in Berlin«. Interview mit Chris Dercon, dem damaligen Intendanten der Volksbühne, in: *Die Zeit* vom 18. Mai 2017.

35 Reimut Reiche, *Geschlechterspannung. Eine psychoanalytische Untersuchung*, Frankfurt am Main 1990, S. 160.

36 Brook, *Der leere Raum*, S. 95.

37 Vgl. Bernd Stegemann, *Kritik des Theaters*, Berlin 2014.

38 Bertolt Brecht, »Kleines Organon für das Theater«, in: ders., *Werke in 5 Bänden*, Bd. 5: *Schriften*, Berlin und Weimar 1975, S. 372.

39 Walter Benjamin: »Was ist das epische Theater? (1)«, in: ders., *Versuche über Brecht*, Frankfurt am Main 1971, S. 29.

40 Brook, *Der leere Raum*, S. 94.

41 Roland Barthes, »Äußerung über das Theater«, in: ders., *Ich habe das Theater immer sehr geliebt, und dennoch gehe ich fast nie mehr hin. Schriften zum Theater*, Berlin 2001, S. 21.

42 Slavoj Žižek, *Weniger als nichts. Hegel und der Schatten des dialektischen Materialismus*, Frankfurt am Main 2016, S. 417.

43 Alexander García Düttmann, »Die teilnahmslose Kunst«, in: ders., *Was ist Gegenwartskunst? Zur politischen Ideologie*, Paderborn 2017, S. 76.

44 Ebd., S. 77.

45 Jacques Rancière, *Das Unbehagen in der Ästhetik*, Wien 2016, S. 133.

46 Jacques Rancière, *Der emanzipierte Zuschauer*, Wien 2009, S. 74.

47 Wolfgang Ullrich, *Wahre Meisterwerte. Stilkritik einer neuen Bekenntniskultur*, Berlin 2017, S. 90 f.

48 Eva Illouz, *Gefühle in Zeiten des Kapitalismus. Frankfurter Adorno-Vorlesungen 2004*, Berlin 2016, S. 86.

49 Rancière, *Das Unbehagen in der Ästhetik*, S. 109.

50 Ronald M. Schernikau, *legende*, Berlin 2019, S. 887.

51 Vgl. Erving Goffman, *Wir alle spielen Theater. Die Selbstdarstellung im Alltag*, München 2003.

52 Vgl. Richard Sennett, *Verfall und Ende des öffentlichen Lebens. Die Tyrannei der Intimität*, Frankfurt am Main 2004.

53 Vgl. Paul Parin, *Der Widerspruch im Subjekt. Ethnopsychoanalytische Studien*, Hamburg 1992.

54 Bernd Stegemann, *Die Moralfalle. Für eine Befreiung linker Politik*, Berlin 2018, S. 57.

55 Theodor W. Adorno, *Minima Moralia. Reflexionen aus dem beschädigten Leben*, Frankfurt am Main 2003, S. 196.

56 Vgl. Theodor W. Adorno, »Die Kunst und die Künste«, in: ders., *Kulturkritik und Gesellschaft I*, Frankfurt am Main 2003, S. 453.

57 Erika Fischer-Lichte, *Ästhetik des Performativen*, Frankfurt am Main 2004, S. 361.

58 Ebd.

59 Ebd., S. 362.

60 Ebd.

61 Ebd., S. 341.

62 Adorno, *Ästhetische Theorie*, S. 93.

63 Christoph Menke, *Die Gegenwart der Tragödie. Versuch über Urteil und Spiel*, Frankfurt am Main 2005, S. 188.

64 Vgl. Judith Butler, *Anmerkungen zu einer perfor-*

mativen *Theorie der Versammlung*, Frankfurt am Main 2016.

65 Vgl. Fischer-Lichte, *Ästhetik des Performativen*, S. 296.

66 Brian O'Doherty, *In der weißen Zelle. Inside the White Cube*, Berlin 1996, S. 119.

67 Peter Laudenbach, »Realness ist nicht realistisch. Einige Beobachtungen zum Grenzverkehr zwischen Kunst und Wirklichkeit«, in: Nicole Gronemeyer und Bernd Stegemann (Hg.), *Lob des Realismus. Die Debatte*, Berlin 2017, S. 141.

68 Vgl. Brecht, »Kleines Organon«, S. 372.

69 Vgl. Alenka Zupančič, *Das Reale einer Illusion. Kant und Lacan*, Frankfurt am Main 2001.

70 Zupančič, *Geist der Komödie*, S. 123.

71 Walter Benjamin, *Das Kunstwerk im Zeitalter seiner technischen Reproduzierbarkeit. Zweite Fassung*, in: ders., *Gesammelte Schriften*, Bd. VII.1, Frankfurt am Main 1991, S. 368, Fußnote 10.

72 Brecht, »Kleines Organon«, S. 371.

73 Hito Steyerl, *Die Farbe der Wahrheit. Dokumentarismen im Kunstfeld*, Wien 2015, S. 73.

74 Zitiert nach Walter Benjamin, »Kleine Geschichte der Photographie«, in: ders., *Gesammelte Schriften*, Bd. II.1, Frankfurt am Main 1991, S. 383 f.

75 Brecht, »Kleines Organon«, S. 387.

76 Vgl. Hans Heinz Holz, *Widerspiegelung*, Bielefeld 2003.

77 Walter Benjamin, *Einbahnstraße*, Frankfurt am Main 1980, S. 49.

78 Lotz, »Über das Schreiben«.

79 Peter Hacks, *Das Poetische*, in: ders., *Werke*, Bd. 13: *Die Maßgaben der Kunst I*, Berlin 2003, S. 65.

80 Lotz, »Über das Schreiben«.

81 Vgl. Quentin Meillassoux, *Trassierungen. Zur Wegbereitung spekulativen Denkens*, Berlin 2017.

82 Žižek, *Weniger als nichts*, S. 15 u. 364.

83 Theodor W. Adorno, *Negative Dialektik*, in: ders., *Gesammelte Schriften*, Bd. 6, S. 391.

84 Alain Badiou, *Dritter Entwurf eines Manifests für den Affirmationismus*, Berlin 2007, S. 32 f.

85 Vgl. Alenka Zupančič, *Was ist Sex? Psychoanalyse und Ontologie*, Wien 2019, S. 67 ff.

86 Vgl. Adorno, *Minima Moralia*, S. 283.

87 Horkheimer/Adorno, *Dialektik der Aufklärung*, S. 148.

88 Vgl. Bini Adamczak, *Beziehungsweise Revolution. 1917, 1968 und kommende*, Berlin 2017, S. 100.

89 Bertolt Brecht, »Nachträge zum Kleinen Organon«, in: ders., *Werke in 5 Bänden*, Bd. 5: *Schriften*, Berlin und Weimar 1975, S. 390.

90 Adorno, *Ästhetische Theorie*, S. 318.

91 Bertolt Brecht, »Geschichten vom Herrn Keuner«, in: ders., *Werke in 5 Bänden*, Bd. 4: *Geschichten*, Berlin und Weimar 1975. S. 281 f.

92 Vgl. Brook, *Der leere Raum*, S. 51 f.

93 Erich Auerbach, *Mimesis. Dargestellte Wirklichkeit in der abendländischen Literatur*, Tübingen und Basel 2001, S. 409.

94 Hacks, *Das Poetische*, S. 7.

95 David Foster Wallace, »E Unibus Pluram: Fernsehen und Literatur in den USA«, in: ders., *Der Spaß an der Sache. Alle Essays*, Köln 2018, S. 300.

96 Theodor W. Adorno, *Dissonanzen. Einleitung in die Musiksoziologie*, in: ders., *Gesammelte Schriften*, Bd. 14, Frankfurt am Main 2003, S. 317.

Inhalt

Erste Auflage Berlin 2020
Copyright © 2020
MSB Matthes & Seitz Berlin Verlagsgesellschaft mbH
Göhrener Str. 7 | 10437 Berlin
info@matthes-seitz-berlin.de
Alle Rechte vorbehalten
Druck und Bindung: Art Druk, Szczecin
Umschlaggestaltung nach einer Idee
von Pierre Faucheux
ISBN 978-3-95757-852-5
www.matthes-seitz-berlin.de